浙江省普通本科高校"十四五"重点立项建设教材

氢能开发与利用

主　编　包福兵　侯立凯　高晓燕

副主编　赵亚磊　许　飞　王　旭

参　编　涂程旭　陈　然　尹招琴

　　　　梁仲君　杨添波　钟俞盈

　　　　范　旭　卢兆泽　武文泽

　　　　王冬冬　李有强　陈旭根

　　　　王凯华　赵　扬

机械工业出版社

本书系统地介绍了有关氢能方面的基础知识，主要内容包括：氢的发现、制取、纯化、存储、输运、加注、计量、利用，以及氢内燃机、燃料电池、氢安全等，体现了氢能开发与利用各个环节在当下新能源发展中的重要性。本书响应国家《能源战略行动计划》和碳达峰、碳中和目标，是浙江省普通本科高校"十四五"重点立项建设教材。

本书主要面向高等学校能源与动力工程、氢能科学与工程专业的教师、本科生、研究生及从事氢能开发与利用相关技术的工程技术人员，帮助他们熟悉和掌握氢能开发与利用的相关基础知识。

图书在版编目（CIP）数据

氢能开发与利用 / 包福兵，侯立凯，高晓燕主编．
北京：机械工业出版社，2025.7. --（浙江省普通本科高校"十四五"重点立项建设教材）. -- ISBN 978-7
-111-78887-4

Ⅰ. TK91

中国国家版本馆 CIP 数据核字第 2025Z4E209 号

机械工业出版社（北京市百万庄大街 22 号　邮政编码 100037）
策划编辑：刘元春　　　　责任编辑：刘元春　舒　宜
责任校对：曹若菲　李小宝　封面设计：张　静
责任印制：邓　博
北京中科印刷有限公司印刷
2025 年 9 月第 1 版第 1 次印刷
184mm×260mm · 9 印张 · 216 千字
标准书号：ISBN 978-7-111-78887-4
定价：39.00 元

电话服务　　　　　　　　　网络服务
客服电话：010-88361066　　机　工　官　网：www.cmpbook.com
　　　　　010-88379833　　机　工　官　博：weibo.com/cmp1952
　　　　　010-68326294　　金　书　网：www.golden-book.com
封底无防伪标均为盗版　机工教育服务网：www.cmpedu.com

前 言

相比于化石能源，氢是一种清洁、高效的能源媒介，是用能终端实现绿色低碳转型的重要载体。氢能的开发与利用是碳达峰、碳中和目标得以实现的重要能源支撑。2019年，加氢等设施建设被写入《2019年政府工作报告》，氢能因此正式成为国家能源发展战略中的重要一环；2021年，国务院印发了《关于加快建立健全绿色低碳循环发展经济体系的指导意见》，中共中央、国务院印发了《关于完整准确全面贯彻新发展理念做好碳达峰碳中和工作的意见》，国务院印发了《2030年前碳达峰行动方案》；2022年3月23日，国家发展改革委、国家能源局联合发布《氢能产业发展中长期规划（2021—2035年）》。随着"双碳"目标的提出，氢能的开发与利用获得更大的推动力。

鉴于氢能在国家能源发展战略中的地位，2022年教育部发布了《列入普通高等学校本科专业目录的新专业名单》，"氢能科学与工程"专业被正式列入普通高等学校本科专业目录，作为国家战略性新兴产业的重点方向，未来将有相当数量的毕业生要从事氢能领域的工作。但现实中适用的教材较少，因此，为满足当前新工科人才培养的需求，编者编写了本书。

本书为浙江省普通本科高校"十四五"重点立项建设教材，由中国计量大学包福兵、侯立凯、高晓燕任主编，赵亚磊、许飞、王旭任副主编。具体参加本书编写的人员有：包福兵（第1章、第8章），侯立凯（第2章、第3章），高晓燕（第4章、第5章），赵亚磊（第6章），许飞（第9章），王旭（第11章），涂程旭（第7章），陈然（第10章），尹招琴（第12章），硕士生梁仲君、杨添波、钟俞盈、范旭、卢兆泽、武文泽、王冬冬、李有强、陈旭根、王凯华、赵扬整理了相关资料，并绘制了部分插图。中国计量大学计量测试与仪器学院、能源环境与安全工程学院对本书的编写工作给予了大力的支持，在此表示衷心的感谢！

在本书的编写过程中，编者参阅了美国K. S. V. 桑塔娜姆（K. S. V. Santhanam）等主编的《氢能技术导论》（林伟，译）、日本氢能协会主编的《氢能技术》（宋永臣、宁亚东、金东旭，译）以及毛宗强编著的《氢能——21世纪的绿色能源》等多部著作，在此向文献作者表示衷心感谢。

由于科学技术的不断发展和编者的水平有限，本书中肯定存在缺点和不足，恳请读者批评指正。书中配有二维码资源，扫码后可复制网址到浏览器中查看。

编　者

目 录

前言

第1章 绪论 ···················· 1
1.1 氢能的作用与意义 ············· 1
1.2 氢的发现 ···················· 2
 1.2.1 氢元素 ··················· 3
 1.2.2 氢的分布 ················· 3
 1.2.3 氢的性质 ················· 4
 1.2.4 氢的应用 ················· 6
1.3 作为能量载体的氢 ············ 9
 1.3.1 氢的能源特性 ············· 9
 1.3.2 分数氢 ··················· 11

第2章 水制氢 ················· 12
2.1 电解水制氢 ················· 12
 2.1.1 电解水制氢的基本原理 ······ 12
 2.1.2 电解水制氢的电解槽 ········ 14
 2.1.3 电解水制氢的工艺流程 ······ 16
 2.1.4 电解水制氢的特点 ·········· 17
 2.1.5 电解水制氢的工业现状及发展 ···· 17
2.2 高温热解水制氢 ············· 18
2.3 热化学制氢法 ··············· 18

第3章 化石能源制氢 ··········· 20
3.1 煤制氢 ····················· 20
 3.1.1 煤焦化制氢 ··············· 21
 3.1.2 煤气化制氢 ··············· 21
 3.1.3 煤浆电解制氢 ············· 23
 3.1.4 煤炭超临界水气化制氢 ······ 26
 3.1.5 煤制氢零排放技术 ·········· 28

3.2 石油制氢 ··················· 29
 3.2.1 石脑油制氢 ··············· 29
 3.2.2 重油制氢 ················· 31
 3.2.3 石油焦制氢 ··············· 34
 3.2.4 炼厂干气制氢 ············· 36
3.3 天然气制氢 ················· 37
 3.3.1 天然气蒸汽重整制氢 ········ 38
 3.3.2 天然气高温裂解制氢 ········ 39
 3.3.3 天然气部分氧化重整制氢 ······ 40
 3.3.4 天然气自热重整制氢 ········ 41

第4章 生物质制氢 ············· 43
4.1 生物转化技术 ··············· 44
 4.1.1 水光解 ··················· 44
 4.1.2 光发酵 ··················· 45
 4.1.3 暗发酵 ··················· 46
 4.1.4 暗光联合发酵 ············· 46
 4.1.5 生物制氢前景 ············· 47
4.2 热化学转化技术 ············· 47
 4.2.1 生物质气化 ··············· 48
 4.2.2 热解重整 ················· 49
 4.2.3 超临界水转化 ············· 49
 4.2.4 小分子有机物催化重整 ······ 50
 4.2.5 热化学转化的优点 ·········· 51
4.3 生物质制氢技术的发展潜力 ····· 51

第5章 其他制氢方法 ··········· 53
5.1 风能制氢 ··················· 53
 5.1.1 风能 ····················· 53

5.1.2 风能制氢技术 ·················· 53
5.1.3 技术要求 ······················ 54
5.2 太阳能制氢 ·························· 55
5.2.1 太阳能 ·························· 55
5.2.2 太阳能制氢的方法 ·············· 56
5.2.3 太阳能制氢的特点 ·············· 59
5.3 氨裂解制氢 ·························· 60
5.4 工业副产氢的回收 ·················· 60
5.5 等离子体驱动电解制氢 ·············· 61
5.6 制氢技术总结 ························ 61

第6章 H₂ 的纯化 ····················· 62
6.1 H₂ 中的杂质 ························ 62
6.2 纯化氢的原因 ························ 64
6.2.1 能源工业的要求 ················ 64
6.2.2 现代制造工业的要求 ············ 64
6.3 氢的纯化方法 ························ 65
6.3.1 氢的实验室纯化方法 ············ 66
6.3.2 氢的工业纯化方法 ·············· 67

第7章 储氢 ···························· 71
7.1 氢能工业对储氢系统的要求 ·········· 71
7.2 储氢技术 ···························· 72
7.2.1 高压气态储氢技术 ·············· 72
7.2.2 液态储氢技术 ·················· 73
7.2.3 材料储氢技术 ·················· 74
7.2.4 其他储氢技术 ·················· 77

第8章 氢的输送、加注和氢能的
标准 ···························· 79
8.1 气态氢输运 ·························· 80
8.2 液态氢输运 ·························· 81
8.3 固态氢输运 ·························· 82
8.4 可能的氢高效输运途径 ·············· 82
8.4.1 掺氢天然气管网输运 ············ 82
8.4.2 氢衍生品形态输运 ·············· 84
8.4.3 氢－电共同输送 ················ 85
8.5 氢的加注 ···························· 85
8.5.1 天然气蒸汽重整制氢加氢站
基本流程和系统及主要设备 ········ 87

8.5.2 水电解制氢加氢站基本流程和
系统及主要设备 ·················· 91
8.6 氢能的标准 ·························· 91
8.6.1 国外氢能标准 ·················· 91
8.6.2 国内氢能标准 ·················· 92

第9章 燃料电池 ······················ 95
9.1 燃料电池的分类和特点 ·············· 95
9.2 燃料电池原理 ························ 97
9.2.1 碱性燃料电池 ·················· 97
9.2.2 质子交换膜燃料电池 ············ 98
9.2.3 直接甲醇燃料电池 ·············· 101
9.3 燃料电池的前景及挑战 ·············· 102

第10章 氢燃料发动机 ················· 104
10.1 氢内燃机的发展历史 ··············· 104
10.2 氢内燃机汽车 ····················· 105
10.2.1 氢内燃机汽车与其他类型汽车的
对比 ··························· 106
10.2.2 氢内燃机汽车发展历史 ········· 107
10.2.3 氢燃料汽车和双燃料汽车 ······· 108
10.2.4 掺氢燃料 ····················· 110
10.3 氢动力飞机 ······················· 111
10.3.1 氢动力推进系统 ··············· 111
10.3.2 氢动力飞机进展 ··············· 112
10.3.3 氢动力飞机面临的挑战 ········· 114
10.4 氢燃料火箭 ······················· 115
10.4.1 火箭运行的基本工作原理 ······· 115
10.4.2 液氢在火箭推进上的应用 ······· 116

第11章 氢的其他用途 ················· 118
11.1 氢能发电 ························· 118
11.2 氢在医疗领域的应用 ··············· 118
11.3 氢能冶金 ························· 119
11.4 费－托合成工艺生产碳氢化合物 ····· 119
11.5 氢－氨融合领域应用 ··············· 121
11.6 油品炼制 ························· 121
11.7 合成气发酵 ······················· 122

第12章 氢的安全 ····················· 123
12.1 氢的有利安全特性 ················· 123

12.2 氢的不利安全特性 ……………… 124

　12.2.1 氢泄漏与扩散 …………… 124

　12.2.2 氢燃烧与爆炸 …………… 125

12.3 氢的环境安全性 ……………… 126

　12.3.1 氢脆 ………………………… 126

　12.3.2 氢能源研究对环境保护的

　　　　意义 ……………………… 126

12.4 氢安全性综合评价 …………… 127

　12.4.1 氢生产安全 ……………… 127

　12.4.2 氢储运安全 ……………… 128

12.5 历史上的 H_2 事故 …………… 132

　12.5.1 兴登堡"H_2 冤案" ………… 132

12.5.2 挪威 Hydro Agri 氨厂 CO_2 管道

　　　　H_2 爆炸事故 ……………… 133

12.5.3 感应雷击引发的 H_2 泄漏事故 …… 133

12.5.4 印度石油公司加氢裂解装置

　　　　起火 ……………………… 134

12.5.5 江苏省盐城市的一起重大 H_2

　　　　爆炸事故 ………………… 134

12.5.6 扬州某药厂"2•1"H_2 钢瓶爆炸

　　　　事故 ……………………… 134

12.5.7 唐山某发电厂封闭母线爆炸

　　　　事故 ……………………… 135

参考文献 ……………………………… 136

二维码索引表 ……………………… 138

第1章

绪　论

1.1 氢能的作用与意义

人类最早利用的能源是火，随着人类文明的发展，我们逐渐从木材等传统能源转向煤炭、石油、天然气等化石能源，这一进程推动了工业革命和现代社会的崛起。但化石燃料的开采、运输和过度使用也对环境产生了一系列负面影响，包括空气污染、温室效应、地质灾害等问题。此外，化石燃料的过度使用还使得全球对能源的依赖性过高，对能源安全构成威胁。这都促使人们迫切寻找更清洁、高效的能源替代方案。相比之下，氢是一种高效的能源媒介，它燃烧生成的唯一物质是水蒸气，无任何有害气体排放，这使得氢能成为一种环保的能源选择，有望为解决气候变化和环境污染问题提供有效途径。氢能的开发与利用正在引发一场深刻的革命，其战略定位之一便是用能终端实现绿色低碳转型的重要载体。氢的生产、储存、运输，及其在燃料电池、医疗等领域的应用代表着当下人们对环保、可持续发展的向往。

首先，氢能源可以通过多种途径生产，包括水制氢、化石能源制氢、生物质制氢、太阳能及风能制氢等。这种多元化的生产方式有助于减少对特定资源的依赖，提高能源安全性。

其次，氢能源的高效储存和输送是推动其广泛应用的双重支柱，储存和输送的多样性有助于解决氢能源应用中的供需匹配问题。氢能源的储存可以通过多种途径实现，包括 H_2 压缩、液化储存、氢化合物吸附等。氢能源的输送方式包括管道输送、液态氢输送、化合物载体输送等。通过选择合适的储存和输送方式，可以更好地满足不同行业和地区对氢能源的需求，提高其可用性和适应性。

最后，氢能技术在交通运输、医疗、氢－氨融合等领域的应用中发挥着关键作用。例如，氢燃料电池是能源革命的一个先进应用技术，相比于传统的内燃机，燃料电池的能量转换效率更高，能够将 H_2 的化学能直接转化为电能，而不会像其他燃烧过程那样产生大量的热量和有害物质，提高了氢能源的利用效率。氢燃料电池车辆已成为清洁能源交通的一个重要方向，相较于传统燃油车辆，氢燃料电池车辆具有零排放、长续驶里程、快速加注等特点，可以为交通领域带来显著的环保效益和能源效益。

迄今为止，全世界有大约几十个国家提出了氢能发展规划。日本希望能从以前进口煤、进口油气向进口氢转变；澳大利亚从以前的出口煤转变为现在的出口氢；欧洲处于后工业化时期，目前发展氢能主要是为了工业脱碳；我国是以化石燃料为主要能源结构的国家，发展氢能的主要目标是消纳 CO_2。在此种情况下，氢能可以为我们优化能源结构、改善能源品质做出贡献，值得大力倡导。近年来，我国为鼓励能源产业的发展，制定了一系列的政策。2019 年，加氢等设施建设被写入《2019 年政府工作报告》，氢能因此正式成为国家能源发展战略中的重要一环；2021 年，国务院印发了《国务院关于加快建立健全绿色低碳循环发展经济体系的指导意见》，中共中央、国务院印发了《关于完整准确全面贯彻新发展理念做好碳达峰碳中和工作的意见》，国务院印发了《2030 年前碳达峰行动方案》；2022 年 3 月 23 日，国家发展和改革委、国家能源局联合发布《氢能产业发展中长期规划（2021—2035 年）》。随着碳达峰、碳中和目标的提出，氢能的开发与利用获得了更大的推动力，例如京津冀、长三角、大湾区、以武汉为中心的中部经济区燃料电池汽车的补贴计划，以及山东省的"氢进万家"计划等。

党的二十大提出："尊重自然、顺应自然、保护自然，是全面建设社会主义现代化国家的内在要求"，"协同推进降碳、减污、扩绿、增长，推进生态优先、节约集约、绿色低碳发展。"习近平总书记在中央财经委员会第九次会议中，就碳达峰碳中和工作作出重要指示：要构建清洁低碳安全高效的能源体系。"清洁低碳安全高效"8 个字，就是现代能源体系的核心内涵，同时也是对能源系统如何实现现代化的总体要求。在全面推进绿色发展的背景下，氢作为安全环保、可再生的清洁能源载体日益受到人们的重视。氢能的开发与利用正成为人类社会探索清洁、高效能源的新方向。氢不仅是一种能源选择，更代表着人们对环保、可持续发展的向往。通过共同的努力与合作，我们或许能够共同开创氢能的美好未来，为地球提供更为清洁、绿色的能源。

1.2 氢的发现

氢元素的发现以及发展的历史较为悠久。16 世纪，瑞士著名医生帕拉切尔苏斯（Paracelsus，1493—1541 年）曾经指出：将铁屑投到硫酸里，有气体产生。17 世纪中叶，英国科学家罗伯特·波义耳（Robert Boyle，1627—1691 年）将充满稀硫酸的瓶子倒置在盛有稀硫酸的盘子上，结果在瓶中收集到"一种蒸气"（H_2）。1700 年，法国化学家尼古拉斯·勒梅里（Nicolas Lemery，1645—1715 年）在巴黎科学院曾对这种气体进行讨论。1702 年，在该年出版的《迈厄尼全集》中曾论及这种气体的可燃性。1766 年，英国物理学家、化学家亨利·卡文迪许（Henry Cavendish，1731—1810 年）第一次对 H_2 的性质加以详细研究，他用铁、锌等与稀硫酸、稀盐酸作用制得一种被他命名为"易燃空气"的气体（实际就是 H_2），发现这种气体与空气按一定的比例混合后遇到火星就会发生爆炸。经过多次试验，卡文迪许测出了这种气体的密度并证明了它燃烧后的产物是水。不仅如此，卡文迪许还发现该气体不溶于水和碱液，与各种不同类型的酸作用时，所产生的量都是固定的，酸的种类、浓度都影响不了它。这样特殊的性质与其他已知气体都不相同，以此推论这可能是一种新的元素。1782 年，被称为"近代化学之父"的法国化学家安托万 - 洛朗·拉瓦锡（Antoine-Laurent de Lavoisier，1743—1794 年）在建立正确的燃烧理论的基础上，纠正了 2000 多年来把水当作元素的错误概念，此后的 1787 年，他把过去称作"易燃空气"的气体命名为"Hydrogen"（氢），意思是"产生水的"，并确认它是一种元素。

总体来说，虽然实际上很难确切地说是谁发现了氢，但学界公认亨利·卡文迪许对氢的发现和研究有很大贡献。

1.2.1　氢元素

氢元素是元素周期列表中排在第一位且是世界上最古老的元素，其同位素有质量数为 1 的氕（H：Protium，相对原子质量为 1.007825）、质量数为 2 的氘（D：Deuterium，相对原子质量为 2.014102）和质量数为 3 的氚（T：Tritium，相对原子质量为 3.01649），这三者的原子核中都只有 1 个质子，但中子数不同，分别是 0、1、2。

宇宙中存在着丰富的氢元素。在原始太阳系星云中，氢元素的质量分数为 75.00%。在宇宙中，质量数大的其他元素（重元素）是由最简单的氢元素开始，通过核聚变反应生成的。对于太阳来说，它的能量来自其体内大量存在的氢的核聚变反应。在地球上，大气中存在的 H_2 分子的体积分数仅为 0.50×10^{-6} 左右。由于大气中含有 O_2，H_2 分子不能作为单体稳定地存在，它会与氧结合生成水，以氢氧化物或者配位水及结构水存在于矿物中。另外，氢还能与其他元素形成各种各样的化合物，如碳氢化合物或者氨的衍生物等。虽然氢在地壳中的含量按质量分数计仅为 0.14%，但它在非金属中排在氧、硅之后的第 3 位，在所有元素中排在第 10 位。

1.2.2　氢的分布

1. 空间中的氢

氢是太阳光球中含量最高的元素。天体中的部分行星是由高度压缩的氢组成的，有数据表明，太阳的组成成分中，氢的占比约为 71%～74%（质量分数），通过持续的热核聚变反应，每秒钟太阳要消耗约 6.3 亿 t 的氢，其中损失的约 420 万 t 质量会转化为巨大的能量，相当于爆炸 100 亿颗百万吨级的氢弹。

2. 地球上的氢

按照地球物理学的分类法，地球分为地核、地幔、地壳。其各圈层中氢的丰度（一种化学元素在某个自然体中的质量占这个自然体总质量的相对份额，$\times 10^{-6}$）分别为：地核 30、地幔 1.26×10^3、地壳 1.4×10^3。在地球的矿物中，氢主要以 OH^-、H_2O 及 H^+ 形式存在（如在某些盐类矿物中）。地球外圈的氢主要是以水的形式存在，水中的氢约占水总质量的 1/9，如果将海水中的氢提取出来，其燃烧所产生的热量是化石燃料的 9000 倍。

3. 人体中的氢

氢是生命元素，组成人体的元素有 60 多种，其中常量元素有 O、C、H、N、Ca、P、K、S、Na、Cl、Mg，共 11 种，占人体质量的 99.95% 以上。一名体重为 70kg 的成年人体内 O、C、H、N、Ca、P 分别占人体质量的 65%、18%、10%、3%、1.5% 和 1%。氢是在人体内的质量排在第 3 位的元素，位于氧、碳之后，也是组成一切有机物的主要成分之一。

1.2.3　氢的性质

1. 氢的物理性质

氢元素是元素周期表中排在第 1 位的元素，常温常压下单质氢以 H_2 的形式存在。H_2 是一种无色无味、难溶于水的气体。在标准大气压，$-252.77℃$ 的低温情况下，H_2 会液化成无色的液体；随着温度的继续降低，在 $-259.16℃$ 时，氢由无色液体转变为白色雪花状的固态氢。在自然界中，氢主要与碳、氧等元素结合，以化合物的形式存在。氢的物理常数见表 1-1。

表 1-1　氢的物理常数

序号	性质	条件或符号	单位	数据
1	原子序数	—	—	1
2	原子半径	—	pm	28
3	相对原子质量	H	—	1.00794
4	相对分子质量	H_2	—	2.01588
5	范德瓦耳斯半径	—	pm	120
6	离子半径	鲍林（Pauling）离子半径		203
7	共价半径	—		37.1
8	摩尔体积	标准状况下	L/mol	22.42
9	熔点	—	℃	−259.16
10	沸点	—		−252.77
11	H—H 键能	—	kJ/mol	436
12	H—H 键长	—	μm	0.07414
13	介电常数	气态氢20℃，0.101MPa	F/m	1.000265
		气态氢20℃，2.02MPa		1.00500
		液态氢−253℃		1.225
		固态氢−260℃		0.2188
14	电负性	元素（鲍林标度）		2.20
15	电离能	氢分子（H_2）	kJ/mol	1489.5
16	临界温度		K	33.19
17	临界压力	常态	MPa	1.315
18	临界密度		g/cm^3	0.0310
19	临界体积		L/mol	0.0650
20	临界温度		℃	−240.17
21	临界压力	平衡态	atm	12.77
22	临界密度		g/cm^3	0.0308
23	比定压热容 c_p	100℃，1atm	cal·g·℃	3.428
24	比定容热容 c_V	—		2.442

注：1atm=101.325kPa。

2. 氢的化学性质

由于氢键的结合力较强，氢在通常情况下较为稳定，与其他物质的反应基本在高温或高压条件下进行。在高温或催化剂存在的条件下，H_2 性质活泼，与金属、非金属等能够发生化学反应。

（1）与金属的反应 氢能够在加热或隔绝空气的情况下与一些活泼型金属（如钾、钠、钙、镁等）反应生成氢化物。其与金属钠、镁的反应式为

$$2Na + H_2 \xrightarrow{\text{隔绝空气}} 2NaH$$

$$Mg + H_2 \xrightarrow{\triangle} MgH_2$$

在高温下，H_2 与金属氧化物的反应如下（以氧化铜为例）：

$$H_2 + CuO \xrightarrow{\text{高温}} Cu + H_2O$$

（2）与非金属的反应 在光、热等条件下，H_2 能够与一些非金属进行反应（如 O、Cl、S 等），其反应式为

$$H_2 + Cl_2 \xrightarrow{\text{光照或点燃}} 2HCl$$

$$2H_2 + O_2 \xrightarrow{\text{点燃}} 2H_2O$$

$$H_2 + S \xrightarrow{\text{高温}} H_2S$$

此外，在高温情况下，H_2 能够与氯化物发生还原反应，其反应式为

$$TiCl_4 + 2H_2 \xrightarrow{\text{高温}} Ti + 4HCl$$

$$SiHCl_3 + H_2 \xrightarrow{\text{高温}} Si + 3HCl$$

$$SiCl_4 + 2H_2 \xrightarrow{\text{高温}} Si + 4HCl$$

（3）H_2 的加成反应 在高温、高压、催化剂等共同作用下，H_2 具有与碳碳重键和碳氧重键发生加成反应的能力。在工业中，通常利用 H_2 与醛、酮等反应生成醇，与不饱和有机物反应生成饱和有机物，从而进行工业生产。

乙烯与 H_2 发生如下加成反应：

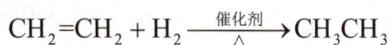

$$CH_2{=}CH_2 + H_2 \xrightarrow[\triangle]{\text{催化剂}} CH_3CH_3$$

在工业应用中，CO 与 H_2 的反应如下：

$$2H_2 + CO \xrightarrow{\text{高温、高压、催化剂}} CH_3OH$$

3. 氢键

（1）氢键 – 质子的化学特征 氢键是一种分子间或分子内部存在的相互作用，是一种非共价相互作用力。当氢原子与一些具有较强电负性的原子结合后，在靠近半径小、电负性同样较强的原子（如 O、F、N 等）时，两个原子之间便会以氢为介质形成氢键。

（2）氢键的分类

1）分子内氢键。分子内氢键是一些分子内部之间形成的键。分子内氢键与分子间氢键的结构不同，它往往会受到环状结构的影响，形成的物质熔点、沸点也会较低。

2）分子间氢键。分子间氢键是分子与分子之间形成的键，通常情况下黏度比较大。这些具有较多氢键的物质（如浓硫酸、甘油等）在熔化或气化过程中，由于还需要能量破坏分子间的氢键，所以相较于同系列氢化物具有较高的熔点和沸点。

3）双氢键与Π-氢键。分子与分子之间除了能形成分子间氢键外，还可以形成氢化物脱氢的中间体，即双氢键。此外，在蛋白质和多肽中还存在能够作为质子受体的大Π键形成的Π-氢键。

（3）氢键的理化性质　氢键一般是在物质处于液体状态下形成的，但是某些情况下也会在部分固态或气态中继续存在。而氢键的存在对物质的性质也会有影响。例如，有分子内氢键存在的物质的熔点和沸点高，而有分子间氢键存在的物质的熔点和沸点较低、溶解度大、黏度大。有分子间氢键存在的物质若发生缔合现象，其还会对液体的密度产生一定的影响。

1.2.4　氢的应用

将氢作为一种清洁能源至今约有 50 年历史，在此之前，氢已经在工业、军事等领域取得了一定的应用。19 世纪末—20 世纪初：H_2 被用于气球和飞艇，水电解法也在这个时期被首次使用。20 世纪初—20 世纪 70 年代：H_2 主要用于工业用途，如合成氨、石油加工等，但主要生产方式是对天然气进行蒸汽重整，这是一种碳排放相对较高的方法。20 世纪 70 年代—20 世纪 90 年代：燃料电池技术得到发展，氢能开始引起人们的关注。NASA 在航天飞机和太空站中探索采用了燃料电池技术。与此同时，H_2 作为能源储存和传输的概念被提出，尽管在这个时期依然面临技术和经济上的挑战。20 世纪 90 年代开始：燃料电池汽车的研发逐渐成为焦点，一些大型汽车制造商开始投资研发并展示氢燃料电池车辆。各国政府在能源政策中加入了对氢能的考虑，开始资助相关研究和项目。如今，氢能受到更多的关注，成为应对气候变化和推动可再生能源的一种手段。燃料电池汽车开始在一些国家投入市场，并取得了一些进展。同时，可再生能源生产 H_2 的技术也逐渐成熟。国际上涌现出一些大型氢能项目，涉及生产、储存、运输和利用。氢的应用领域以及应用形式也逐渐细化，根据其气、液、固 3 种存在状态而有所不同。下面将分别对目前这 3 种状态的氢的制取方法和应用领域进行介绍。

1. 气态氢

常温常压下，H_2 是一种无色无味、极易燃烧且难溶于水的气体，其密度只有空气的 1/14，是目前已知的世界上密度最小的气体。所以，H_2 同 He 一样被广泛应用在飞艇、氢气球的填充气体等方面。除此之外，H_2 还被用作还原剂。

（1）气态氢的用途　目前，氢能产业作为最具前景的热门产业之一受到了世界范围内的广泛关注。气态氢在各领域都得到了广泛的应用，主要用途见表 1-2。

表 1-2 气态氢的主要用途

行业	用途
化工领域	主要用作合成氨、甲醇的原料。世界上约有 60% 的氢用在合成氨上，生产 1t 合成氨需要约 336Nm³① H_2，生产 1t 甲醇需要约 560Nm³ H_2
石油工业领域	主要用于石油加氢脱硫、粗柴油加氢脱硫、燃料油加氢脱硫、加氢裂化、C_3 馏分加氢、$C_6 \sim C_8$ 馏分加氢脱烷基、生产环己烷等
玻璃生产领域	H_2 在浮法玻璃生产中被用作使锡槽中液态锡不被氧化的保护气。在该应用中 H_2 的纯度要求为 99.999%
电子领域	主要用于半导体，电真空材料、硅晶片、光导纤维生产等领域。在该应用中 H_2 是作为反应气、还原气或保护气来使用的。例如，在钨和钼的生产过程中，用 H_2 还原氧化物得到产品粉末
冶金领域	主要用 H_2 作为还原气，将金属氧化物还原为金属。此外，在高温锻压部分金属器材时，用 H_2 作为保护气氛，以保护表面不被氧化
食品加工领域	主要将 H_2 用于天然食用油中不饱和成分的氢化处理。经氢化处理的产品就能阻止细菌生长，适合长期储存，并提高油的黏度
医疗领域	H_2 的选择性抗氧化对各类疾病过程中的氧化损伤、炎症反应、细胞凋亡和血管异常增生等具有治疗作用。此外，对于以脑血管疾病和老年痴呆为代表的中枢神经系统功能紊乱，H_2 有明显的中枢神经系统保护作用

① Nm³ 是指在 0℃ 下 1 个标准大气压下气体的体积。

（2）气态氢的制取　实验室制氢：实验室制氢的原理主要是利用金属活性比氢强的金属单质与酸反应，置换出 H_2。例如，用锌与稀硫酸反应：

$$Zn + H_2SO_4 \longrightarrow ZnSO_4 + H_2 \uparrow$$

工业制氢：工业制氢包括传统的石油制氢、煤制氢、天然气制氢以及新型的制氢方法（如生物质制氢、电解水制氢、太阳能制氢、风能制氢等）。

2. 液态氢

（1）液态氢的用途　值得注意的是，液态氢的应用目前还存在一定的限制，主要是由其性质决定的。液态氢的性质不同于普通液体，具有范德瓦耳斯力小、极性弱、温度范围窄、离子化程度低、密度和黏度较低等特点。通常情况下，液态氢的物理性质处于低温液体与惰性气体之间。

液态氢以其特有的性质主要作为航天航空火箭发动机燃料，目前在应用过程中还存在下列缺点：

1）飞行过程中液氢在储箱中晃动，导致航天器的状态不稳定。

2）温度分层。

3）低密度。

4）使用过程中挥发速率较高，会产生一定的能量损失和危险性。

（2）液态氢的生产　液态氢是氢作为能量载体时较好的使用和储存方式之一，因此在氢能开发应用时，液态氢的生产是重要环节之一。由于 H_2 的转化温度最高为 −252.75℃，所以只有将气态氢冷却到转化温度以下，再通过节流膨胀的方法将其转化为液态氢。

液态氢的生产一般有节流氢液化循环、带有活塞式膨胀机的氢液化循环和氦制冷氢液化循环 3 种方法。1895 年，德国制冷工程师、低温实验学家林德（Linde）和英国工程师汉普逊（Hampson）提出了节流氢液化循环；1902 年，带有活塞式膨胀机的氢液化循环由法国工程师克劳特（Kraut）发明；氦制冷氢液化循环以氦为制冷介质，通过制冷循环使得氢冷凝液化成为液态氢。

通过对比氢液化过程中的能量消耗，节流氢液化循环消耗的能量最高，氦制冷氢液化循环次之。带有活塞式膨胀机的液化循环能量消耗最低。倘若以节流氢液化循环作为基准来看，氦制冷氢液化循环单位能耗要低 25%，带有活塞式膨胀机的液化循环要低 50%。所以，大型氢液化生产装备中广泛使用循环效率最高的带有活塞式膨胀机的氢液化循环，而小型氢液化装备中多采用流程较为简单、无低温运行部件的节流氢液化循环。氦制冷氢液化循环具有设备运行安全、能够消除处理高压氢危险的优点，但由于系统设备复杂，所以在氢液化过程中应用较少。

（3）液态氢的优化　为了克服上述液态氢应用过程中的缺点，科学家提出了一些有效的方法。一是通过低温冷冻的方式，使其生成一种液态氢与固态氢的混合物泥氢，以解决低密度的问题；二是通过向液态氢中加入胶凝剂生成胶氢的方式来提高密度，它与液态氢一样呈流动状态。胶氢相对于液态氢来说具有以下优点：

1）密度得以提高。通过在液态氢中加入不同用量的胶凝剂，能够不同程度地提高其密度，添加一定含量铝粉胶凝剂，密度可提高 300% 左右。

2）提高比冲[⊖]可以有效地提高发动机的发动能力。

3）安全性提高。胶氢相较于液态氢来说黏度增加了 2 ～ 4 倍，大大降低了泄漏的风险。

4）降低液体晃动性。由于生成胶氢后，黏度、密度都相对提高，其液面的晃动程度会相对变弱。

5）降低蒸发速度。液态氢凝胶化以后，蒸发速率仅为液态氢的 25%。

3. 固态氢

固态氢是通过冷却的方式使液态氢的温度降低到 −259.16℃ 以下时形成的一种白色雪花状的固体。

（1）固态氢变成金属态的条件　在较高的压力下，半导体、绝缘体乃至分子固态氢有成为金属态的趋势。研究结果表明，通过谱带交叠的方式在 300GPa 下固态氢会变成金属态。为了进一步了解情况，科学家在更高的压力下进行光谱测量，首次发现了带隙随密度变化的现象，但并未发现金属氢的存在。科学家预测，直接带隙的闭合可能在 450GPa 左右的压力下出现，这是人们探索金属氢所追求的下一个目标。

（2）固态氢的用途

1）冷却器。1999 年 3 月 4 日，美国航空航天局采用了一台 30cm 口径的红外线望远镜研究星系的形成和演变过程，该望远镜需要采用固态氢的低温冷却系统来保持其灵敏度。

2）高能燃料。研究表明，固态氢是一种高能燃料，若能够将其应用于航天航空领域，一方面可以作为飞行器非重要的零件使用，另一方面还可作为燃料使用。在运行过程中，可通过转化非重要部件材料为能源从而维持飞船的运行时间。

———————————

⊖　单位推进剂的量所产生的冲量。

3）高能炸药。由于 H_2 是一种极易燃的气体，当其处于压缩固态时，具有极强的爆炸威力，相当于 TNT 的 20 ~ 35 倍。

1.3　作为能量载体的氢

现代文明是以消耗煤炭、石油等化石燃料为前提构建起来的。化石燃料质量和体积能量密度都非常高（例如，汽油的质量能量密度为 44.4MJ/kg，体积能量密度为 32.4MJ/L）。由于化石能源的不可再生性，人类必须寻找其替代品，因此，必须利用一些手段，将低能量密度的一次能源转换成作为能量载体的二次能源。

由于 H_2 具有可以很容易地利用一次能源获取、向各种形态能量的转换效率高、便于消费者使用、既可大量储藏又可少量储藏、短距离运输及远距离运输均易实现、使用无环境污染等突出的优点，H_2 被认为是一种极具潜力的二次能源，并得到世界各国的重视。

1.3.1　氢的能源特性

H_2 作为当前最具有发展潜力的二次能源，具有以下特性：

1. 存储方式多样

目前的储氢手段不仅可以直接储存气态或液态单质氢，也可以使氢元素以原子形式进入晶体的晶格间，形成金属氢化物。不同的储氢手段适用于不同的应用场景，气态形式适用于大规模储氢，液态形式适用于运输，金属氢化物适用于交通设备或小规模储藏。不同储氢手段的氢的储藏量及能量密度见表 1-3。

表 1-3　不同储氢手段的氢的储藏量及能量密度

储藏介质	氢的含量（%，质量分数）	氢的储藏量 /（g/cm³）	能量密度（氢的燃烧热）	
			/（J/g 介质）	/（J/cm³ 介质）
标准状态的气体	100	8.9×10^{-5}	143000	13
H_2 瓶（250atm）	100	0.017	143000	2430
液态氢（-253℃）	100	0.070	143000	10010
MgH_2	7.6	0.110	10870	15730
TiH_2	4.0	0.151	5720	21593
Mg_2NiH_4	3.6	0.093	5150	13300
$TiFeH_{1.9}$	1.8	0.095	2570	13590
$LaNi_5H_6$	1.4	0.103	2000	14730
$MmNi_{4.5}Mn_{0.5}H_{6.6}$	1.5	0.101	2150	14440

注：1. Mm 为混合稀土。
　　2. 1atm=101.325kPa。

2. 能量密度大

与其他燃料相比，H_2 的单位质量能量大。尽管 H_2 的质子数和电子数与氦原子相等，但由于不含中子，其相对分子质量是氦相对原子质量的 1/2，在所有物质中最小，这使其作为燃料具有一定的优势。在 101.325kPa、25℃条件下，作为能量载体的一部分物质（燃料）的单位物质的量和单位质量的燃烧反应的化学热值见表 1-4。在这些燃料中，尽管 H_2 的单位物质的量的 ΔH 和 ΔG 的绝对值都最小，但各燃料之间相差的值不是很大。以单位质量热值来看，H_2 的相对分子质量小，因此其单位质量热值较大。如果把表 1-4 中的物质（燃料）作为二次能源或者能量转换介质进行大量储藏与输送，氢无疑是最好的选择。

3. 能量转化容易

利用电化学系统，相对于 H_2O，H_2 和 O_2 在化学能与电能之间的转化比较容易。如果利用电化学系统，可以把化学能和电能直接进行转换。相对于 H_2O，H_2 和 O_2 的化学能 ΔG 可通过下面的关系转换成电能：

$$\Delta G = -zFU \qquad (1\text{-}1)$$

式中　　z ——反应电子数；

　　　　F ——法拉第常数（C/mol）；

　　　　U ——可逆电池的电动势（V）。

在理论上，对于任何燃料，式（1-1）都成立。但由于实际反应是在有限速度下进行的，因此需要额外的能量（过电压）进行补充，而所需额外能量由于燃料不同而相差很大。

表 1-4　作为能量载体的一部分物质（燃料）的单位物质的量和单位质量的
燃烧反应的化学热值（25℃，101.325kPa）

燃料		$\Delta H/$（kJ/mol）	$(\Delta H/m)/$（kJ/g）	$\Delta G/$（kJ/mol）	$(\Delta G/m)/$（kJ/g）
氢	H_2	−286	−143	−237	−118
甲烷	CH_4	−890	−55.6	−818	−51.0
一氧化碳	CO	−283	−10.1	−257	−9.2
碳（石墨）	C	−394	−32.8	−394	−32.8
甲醇	CH_3OH	−727	−22.7	−702	−21.9
联氨	N_2H_4	−622	−23.9	−624	−19.5
氨	NH_3	−383	−22.5	−339	−19.9
二甲醚	CH_3OCH_3	−1460	−31.7	−1390	−30.2

4. 清洁无害

H_2 与 O_2 的反应产物为水，对环境无污染，对人体也无危害。

综合考虑以上特性，人们普遍认为氢能是目前最具发展潜力的二次能源。中国科学院院士、国际氢能与燃料电池协会理事长在 2023 年世界氢能技术大会上表示，氢能是 21 世纪最大的清洁能源，是实现"双碳"目标的重要方式。氢能是一个具备 10 万亿规模潜力的产业集群，现在各地政府都很重视这个产业。目前，美国、日本、德国、法国等国家都在积极布局氢能产业，纷纷制定与各国相适应的氢能技术发展路线。自 2014 年以来，我国高度重视氢能发展，将氢能与燃料电池技术作为十五项重点技术之一纳入《能源技术革命重点创新行动路线图》，并相继出台了《能源发展战略行动计划（2014—2020 年）》《能源技术革命创新行动计划（2016—2030 年）》等行动纲领。目前，国家能源集团、中石油、中石化等龙头企业都在积极探索氢能发展方向和产业布局。我国氢能源技术发展已实现局部突破，呈现阶段性进步特征。

1.3.2　分数氢

氢作为安全环保、可再生的清洁能源载体日益受到人们的重视。常规氢能的利用方式主要是直接燃烧、燃料电池和核聚变。其中，直接燃烧和燃料电池是利用普通氢释放其中化学能的方法，虽然有商业化的应用，但受到产出成本等因素的限制，短期内还不能大规模开发利用。核聚变则利用氢同位素的热核聚变释放能量，这虽然可以释放巨大的能量，但就目前的技术水平，实现商业化应用还有较长的路要走。目前人们正在关注介于普通氢能利用与核聚变之间的一种新的氢能利用方式，即探索中的新型氢能源——分数氢（也称负态氢）。

分数氢的概念是兰德尔·米尔斯（Randell Mills）等人对玻尔氢原子模型中电子量子化轨道（轨道量子数 $n=1$，2，3…）进行改造而得出的，它扩展了氢原子能级的范围，突破了轨道量子数只能是整数的限制，即分数氢是氢原子电子能级的轨道量子数为 1/2、1/3、1/4 等分数，能量处于比量子态数为 1 的基态能量更低能量状态的氢原子。

米尔斯等人的理论是将核外电子看作一个围绕原子核的二维球壳，而不是一个点或概率波。他们由此建立了一个新的原子模型——"轨道球"模型，并采用了麦克斯韦方程推导出的边界条件，从而得出量子态数为分数的能级状态，计算出相应的分数量子能级下的电子能量，$n=1/2$，1/3，1/4 和 1/5 时相应为 −54.4eV、−122.4eV、−217.7eV 和 −340.1eV，这些比 $n=1$ 时基态的电子能量 −13.6eV 低得多，当电子由基态向分数能级或分数能级之间转变时将释放出相应的能量差值，从 $n=1$ 到 $n=1/2$ 时为 40.8eV，$n=1/3$，1/4，1/5 时依次为 68eV、95.3eV 和 122.4eV。与这些能量差值相对应的谱线波长分别为 30.39nm、18.24nm、13.01nm 和 10.13nm。这些数据表明，氢原子由基态向分数量能级转变时，每次都能释放多达几十电子伏特的能量，超过了氢原子由激发态向基态跃迁所释放的能量，由此可开辟出一条高效率应用氢能源的新途径。

分数氢作为新型氢能源其研究和开发有其极为诱人的前景，但是由于分数量子能级与已被大家公认的玻尔原子模型和量子理论相矛盾，目前该理论还受到一些资深科学家的怀疑和反对，同时分数氢的试验研究结果还需要更多深入的工作去验证。

第 2 章

水制氢

2.1 电解水制氢

　　水的电解现象最早是在 1789 年被观测到的。1800 年，尼科尔森（Nicholson）和卡莱尔（Carlisle）发展了电解水技术，到 1902 年，全世界已经有 400 多个工业电解槽。1948 年，兹丹斯基（Zdanski）和隆萨（Lonza）建造了第一台增压式水电解槽。2022 年，中国工程院院士谢和平与他指导的博士生团队在 *Nature* 期刊发表论文，以物理力学与电化学相结合的全新思路，建立了相变迁移驱动的海水无淡化原位直接电解制氢的全新原理与技术。该技术彻底隔绝了海水中的离子，实现了无淡化过程、无副反应、无额外能耗的高效海水原位直接电解制氢，即可在海水里原位直接电解制氢。目前，国内外的电解水制氢技术已比较成熟，设备已经成套化和系统化。

2.1.1 电解水制氢的基本原理

　　电解水制氢的基本原理是在阴极上发生还原反应析出 H_2，在阳极上发生氧化反应析出 O_2，这一过程是燃料电池中 H_2 和 O_2 进行的氧化还原反应的逆反应。

　　电解槽是电解水制氢的关键部分。如图 2-1 所示，常见的碱性水溶液电解制氢的电解槽由浸没在电解液中的一对电极和电极两端防止气体渗透的隔膜构成。将电极通以一定电压的直流电时，水就发生分解，分别在阴极产生 H_2，在阳极产生 O_2。水溶液的导电是由于溶液中带电的离子在电场中移动的结果，其电导率（电阻率的倒数）的大小与水溶液中的离子浓度有关。纯水是很弱的电解质，它的导电能力很差。所以通常需要加入一些强电解质，以增加溶液的导电能力，使水能够顺利地电解为 H_2 和 O_2。水电解时的反应式会根据电解液的性质不同而有所不同。

　　碱性水溶液的电解过程体现在电极上的反应主要如下：

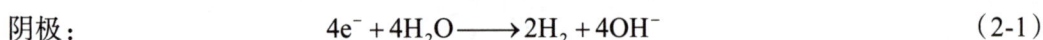

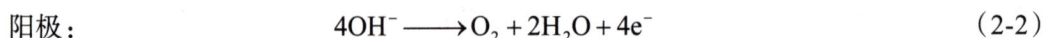

阴极：
$$4e^- + 4H_2O \longrightarrow 2H_2 + 4OH^- \qquad (2\text{-}1)$$

阳极：
$$4OH^- \longrightarrow O_2 + 2H_2O + 4e^- \qquad (2\text{-}2)$$

总反应式：
$$2H_2O \longrightarrow 2H_2 \uparrow + O_2 \uparrow \qquad (2\text{-}3)$$

　　碱性电解液常用 KOH 或 NaOH 溶液，水分子放电析出氢气及 OH^- 离子。在 Na^+ 或 K^+ 离子作用的电解液中，其析出电位要比氢析出电位负得多，因此阴极上 H^+ 先放电，析出氢气；在阳极上因为没有别的负离子存在，因此 OH⁻ 离子放电析出氧气。1mol 水电解得到 1mol H_2 和 0.5mol O_2。

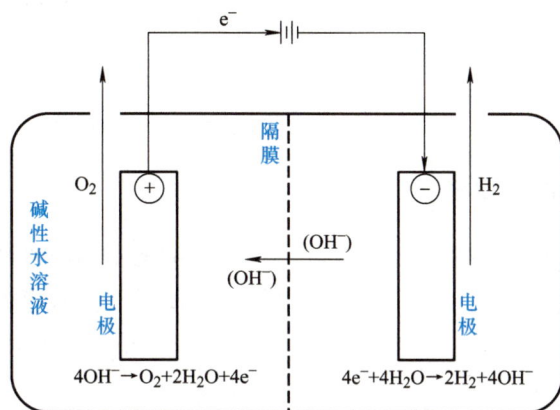

图 2-1　碱性水溶液电解制氢的电解槽示意图

水的理论分解电压是假定水在可逆条件下进行电解所需的电压，它等于氢、氧原电池的可逆电动势 E_0。水的理论分解电压是不计任何损耗的最小电压，它是由在水分解时必须向水电解池供给的最小电能决定的，此电能相当于水分解时的吉布斯（Gibbs）自由能的变化，因此可以用化学热力学方程进行计算。可逆电池电动势与自由能之间的关系如下：

$$\Delta G = -nEF \tag{2-4}$$

式中　ΔG——吉布斯自由能的变化；

$\quad\quad n$——反应物质的当量数，或电极反应中电子得失的数目；

$\quad\quad E$——电池的电动势；

$\quad\quad F$——法拉第常数，F=96500C/mol。

水分解成 H_2 和 O_2 的化学反应的自由能的增加需外界供给电能（$-E$），即

$$-E = \frac{\Delta G}{nF} \tag{2-5}$$

在 1 个大气压及 25℃的状况下，1mol H_2O 分解成 1mol H_2 及 0.5mol O_2 时，其吉布斯自由能的变化（生成物与反应物之间的自由能之差）为 56.7kcal，所需电量为 1F（26.8A·h）。水的当量数 n=2，因此可得：

$$-E = \frac{\Delta G}{nF} = \frac{56.7 \times 1000}{2 \times 26.8 \times 860} \text{V} = 1.23 \text{V} \tag{2-6}$$

式中　860——单位换算所得的系数。

在 1 个大气压及 25℃的标准状态下，水的理论分解电压为 1.23V。相应的最小电耗为 2.95kW·h/m³（标准氢）。但实际上由于 H_2 和 O_2 在反应过程中的过电位、电解液电阻及其他电阻因素的影响，实际需要的电压比理论值高。实际需要的电压计算公式为

$$U = U_0 + IR + \Phi_H + \Phi_O \tag{2-7}$$

式中 U_0——水的理论分解电压（V）；

I——电解电流（A）；

R——电解池的总电阻（Ω）；

Φ_H——氢超电位（V）；

Φ_O——氧超电位（V）。

实际的过电压在 1.65 ～ 2.2V。过电压产生的能量损失使得制氢成本进一步提高。

2.1.2　电解水制氢的电解槽

电解槽的发展是电极和隔膜材料的改善，以及电解槽结构改进的过程。在目前的电解水制氢工艺中采用的电解槽主要可分为碱性电解槽、质子交换膜电解槽和固体氧化物电解槽 3 类。

1. 碱性电解槽

碱性电解槽最早被人们应用，技术也最为成熟，它具有结构简单、经济性好、操作方便等优点，目前已经得到了广泛应用，并已投入大规模制氢工业中。但是碱性电解槽的电解效率是 3 种电解槽中最低的，这也是其缺点所在。

碱性电解槽的电解液主要为氢氧化钾溶液；隔膜主要为石棉，起分隔正负极、分离气体的作用；电极通常为两种或两种以上不同的金属合金，如 Ni-Mo 和 Ni-Cr-Fe 等。碱性电解槽内的阴阳两极发生的反应方程式如式（2-1）、式（2-2）所示。目前，广泛使用的碱性电解槽按照结构分类主要有单极式电解槽和双极式电解槽两种，其中双极式电解槽的电解效率更高，因此在工业上应用较多。

2. 质子交换膜电解槽

聚合物具有良好的化学和机械稳定性，将其应用于电解槽能减小电极与隔膜之间的距离，提高电解槽的电解效率。质子交换膜（Proton Exchange Membrane，PEM）电解槽是基于离子交换技术的高效电解槽，其工作原理如图 2-2 所示。

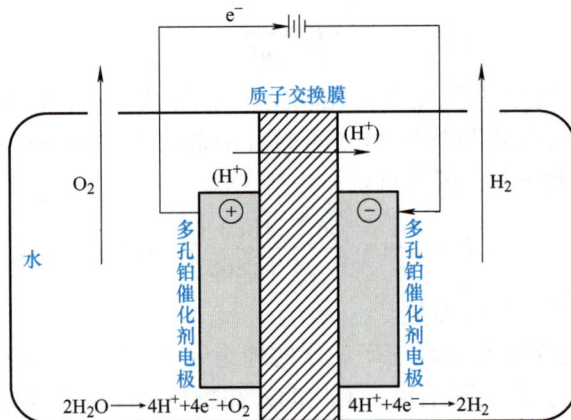

图 2-2　质子交换膜电解槽的工作原理

质子交换膜电解槽由阴阳两极和质子交换膜电解质组成，通常将多孔铂催化剂电极与质子交换膜紧贴在一起，组成一体式结构。质子交换膜电解槽工作时，阳极室内首先发生水的分解反应，产生 O_2、氢离子和电子。而氢离子在电场的作用下，以水合离子的形式与磺酸基结合，传递到阴极室，与电子发生电化学重组产生 H_2。具体的电极反应如下式所示。

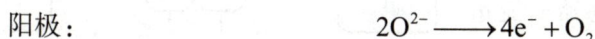

阴极：
$$4H^+ + 4e^- \longrightarrow 2H_2$$

阳极：
$$2H_2O \longrightarrow 4H^+ + 4e^- + O_2$$

PEM 电解槽只需纯水，不需额外添加电解质溶液，与碱性电解槽相比更加安全可靠。除此之外，质子交换膜还具有质子传导率高、化学稳定性高以及气体分离性好等优点，这都使得 PEM 电解槽的电解效率得到了大幅提高。目前质子交换膜电解槽的电解效率已经能达到 85%，但由于质子交换膜造价过高，电极材料中的铂也是贵金属材料，导致 PEM 电解槽难以大规模使用。因此，寻找其他的质子交换膜材料以及降低电极中贵重金属的使用量是质子交换膜电解槽的研究要点。

3. 固体氧化物电解槽

固体氧化物（Solid Oxide）电解槽在高温环境下工作，工作时电能与热能共同作用，效率很高。固体氧化物电解槽（截面）示意图如图 2-3 所示，它由 4 部分组成，即内部水流管道、阴极层、电解质层及阳极层。反应时，水首先在高温环境下转化为高温水蒸气，然后其在管状电解槽的阴极处分解为 H^+ 和 O^{2-}，随后 H^+ 得电子，生成 H_2，O^{2-} 则穿过电解质到达电解槽外部的阳极处生成 O_2。

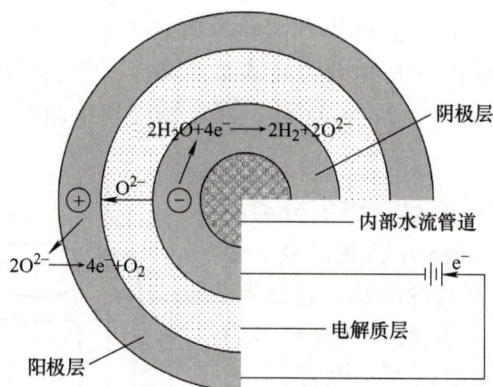

图 2-3　固体氧化物电解槽（截面）示意图

具体的电极反应式如下：
阴极：
$$2H_2O + 4e^- \longrightarrow 2H_2 + 2O^{2-}$$

阳极：
$$2O^{2-} \longrightarrow 4e^- + O_2$$

在热能和电能的双重作用下，固体氧化物电解槽的工作效率得到了大幅提高，是目前 3 种电解槽中效率最高的。但是高温的工作环境使得其对材料的耐热性具有较高的要求。当前固体氧化物电解槽使用的材料主要为氧化钇稳定的氧化锆，这种材料的价格并不高，但是其制作难度较大，这导致固体氧化物电解槽的成本要高于碱性电解槽。目前，对于固体氧化物电解槽的研究还处于早期的探索阶段。

2.1.3 电解水制氢的工艺流程

电解水制氢的工艺流程经过不断改进，已基本完善。电解水制氢的工艺流程示意图如图 2-4 所示。

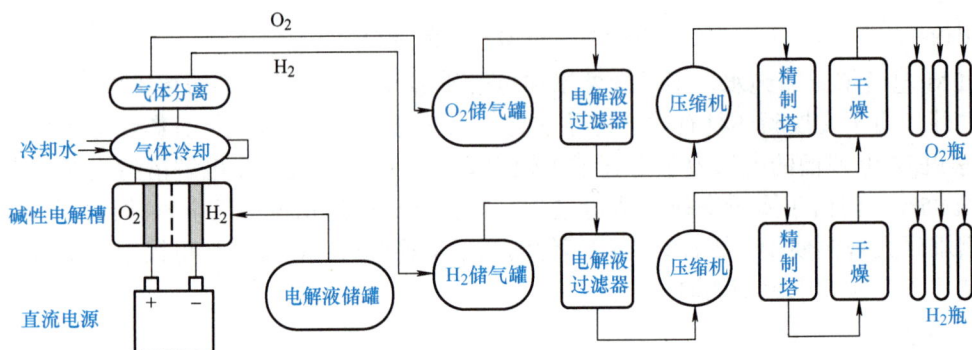

图 2-4　电解水制氢的工艺流程示意图

如图 2-4 所示，净化水在以氢氧化钾为电解液的碱性电解槽中经电解生成氢气和氧气混合气，随后经过氢分离器或氧分离器将两者分离。氢气和氧气中通常含有少量的电解液，需经过电解液过滤器将其过滤。最后，分离的 H_2 和 O_2 经过冷却、精制、干燥后得到纯净的 H_2 和 O_2。

根据工艺中的电解液循环方式的不同可将电解水工艺分为自然循环和强制循环两类。自然循环通过系统中液位的高低差和电解液的温差进行；强制循环则是用电解液泵作动力来推动电解液循环。强制循环可分为双循环、混合循环和单循环 3 种流程。

1. 双循环流程

如图 2-5 所示，双循环流程是将氢分离器与氧分离器分离出来的电解液分别通过氢、氧侧的电解液泵，经各自一侧的冷却器、过滤器、流量计后送到电解槽的阴、阳极室。这样各自形成一个循环系统，电解液之间互不混合。

2. 混合循环流程

如图 2-6 所示，混合循环流程是将氢分离器与氧分离器分离出来的电解液混合后，经电解液泵，使其依次通过冷却器、过滤器、流量计后同时送到电解槽的阴、阳极室。这种循环方式在工业上应用最多。

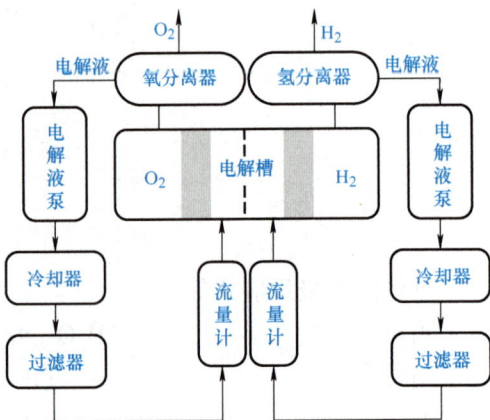

图 2-5　双循环流程示意图

3. 单循环流程

如图 2-7 所示，在单循环流程中阴极室无电解液，阳极侧的检测不需要氢分离器，只需要经过氧分离器，再由电解液泵将其经冷却器、过滤器、流量计后送到阳极室。

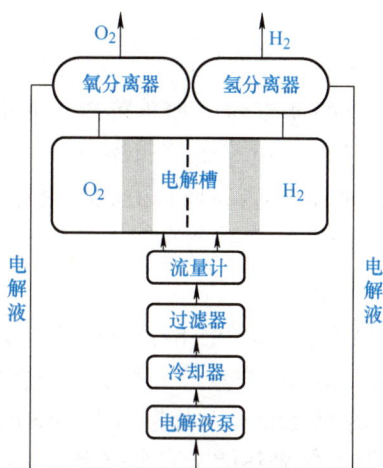

图 2-6　混合循环流程示意图

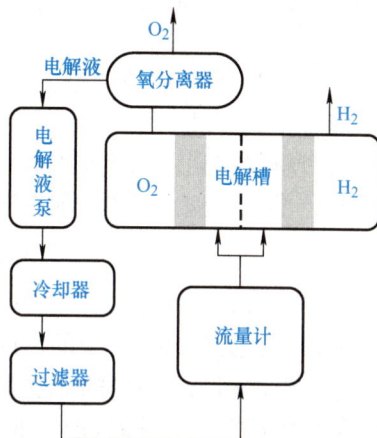

图 2-7　单循环流程示意图

2.1.4　电解水制氢的特点

电解水制氢具有以下优点：

1）电解水制氢过程较为简单、安全，可实现完全自动化，操作方便。

2）H_2 产品的纯度非常高，其主要杂质为水和 O_2，无污染。

3）电解水所用的原料为水，有些研究者正在向海水电解制氢发展，这将极大地缓解当前的能源压力。

4）电解水制氢过程中不产生其他气体，不需要相应的 H_2 提纯和除杂设备，降低了成本。

电解水制氢具有以下缺点：

1）电解槽比较昂贵，特别是质子交换膜电解槽，这使得电解水的制氢成本比其他制氢方式的成本高。

2）电解水制氢所使用的催化剂的活性及稳定性依然相对较低。

3）尽管以水为原料价格比较低，但电能的消耗巨大，制氢成本很大程度上是所消耗的电力的费用。

2.1.5　电解水制氢的工业现状及发展

电解水制氢技术的优点是工艺比较简单，可以实现完全自动化，操作方便，其 H_2 产品的纯度也极高，一般可达到 99% ～ 99.9%（体积分数），并且由于其主要杂质是 H_2O 和 O_2，无污染，特别适用于质子膜燃料电池中对 CO 要求极为严格的燃料电池。电解水制氢量目前只约占 H_2 总产量的 4%（质量分数），这主要受限于制氢成本，特别是电能的消耗。水电解的耗电量较高，一般制得每标准立方米 H_2 须消耗不低于 4kW·h 的电量。虽然近年来对电解水制氢技术进行了许多改进，但工业化的电解水制氢成本仍然高于以化石燃料为原料的制氢成本。

2.2 高温热解水制氢

如式（2-3）所示，水的分解是 H_2 与 O_2 燃烧过程的逆反应，如果外界不提供能量则将无法进行下去。那么，要必须提供什么样的能量呢？在等温等压条件下，如果令式（2-3）从右侧状态到左侧状态的差引起的熵的变化为 ΔH，吉布斯自由能的变化为 ΔG，熵的变化 ΔS，热力学温度为 T，那么下面的关系式成立：

$$\Delta H = \Delta G + T\Delta S \tag{2-8}$$

例如在 25℃、1atm 的标准状态下，ΔH、ΔG 及 $T\Delta S$ 分别取 285.8kJ/mol、237.1kJ/mol 及 48.7kJ/mol。尽管式（2-3）中的反应所必需的总能量值 ΔH 在数值上等于氢的燃烧热绝对值，但若未提供相当于 ΔG 的非热形式能量（如电能或光能）以及相当于 $T\Delta S$ 的热能，水的分解将不会发生。ΔG 随着温度的上升而减少，但若仅靠热能来完全引发式（2-3）的反应，则需要 4000℃ 以上的超高温使 ΔG 变成 0（即 $T\Delta S=\Delta H$）。这种水分解法称为高温直接分解法，不过由于在超高温下材料选择以及分离分解气体的困难性，它是一种非现实的方法。

2.3 热化学制氢法

如前所述，直接分解水需要超高温条件。除了此种制氢法，还有利用比这个温度（1000℃ 以下）低的方法。例如，组合多个化学反应，使总反应成为水的分解。两个典型的热化学制氢过程如图 2-8 所示。热化学制氢法的概念最早在 20 世纪 60 年代中期被提出来。20 世纪 70 年代中期以后，日本、美国、欧洲积极地开发了从核反应堆中提取热量（温度约为 1000℃）作为高温气炉的热能的方法。当时该方法作为制氢方法受到了关注，理由有很多，例如，与利用原子能发电（效率为 30%～40%）的电力通过水电解（效率为 80%～90%）来制取 H_2 的效率（24%～36%）相比，利用热能直接制取 H_2 的方法能够获得更高的效率；在大规模制氢的场合，此方法制氢与水电解制氢相比具有规模效应，在技术上和经济上更有利。在 1980 年前后，虽然有上百种的热化学过程被提出来，但从反应进行的容易程度（ΔG 的评价）、综合效率、可利用热源的温度范围与适应性、反应物的毒性、副反应的可控性、化学操作的复杂性以及分离、输送的难易和经济性等实用化角度考虑，大部分过程都被淘汰了，具有可行性的过程不是很多。其中，被持续研究的热化学工艺就是如图 2-8 中给出的两个过程。

如图 2-8a 中的碘硫循环（Iodine-Sulfur, IS）过程是由美国通用原子公司（General Atomic）提出的，被日本原子力开发机构持续研究开发。在小试规模上实证了此循环能够连续制氢，如图 2-8 所示，式①中，利用 H_2O、I_2 和 SO_2 制造出碘化氢与硫酸，式②中，利用碘化氢的热分解反应生成氢气，式③中，利用硫酸的热分解反应生成氧气。这个过程的特点是所有的反应都是能够在气体与液体状态下进行的全流体过程，因而适合大规模生产；式①的生成物溶液可利用比重差来进行分离：在高温气炉等约 1000℃ 的温度范围内可定量且高效地进行式③中的吸热硫酸分解反应，即具有热源温度整合性，理论效率高，从 1000℃ 附近到 100℃ 的热都能被有效利用。

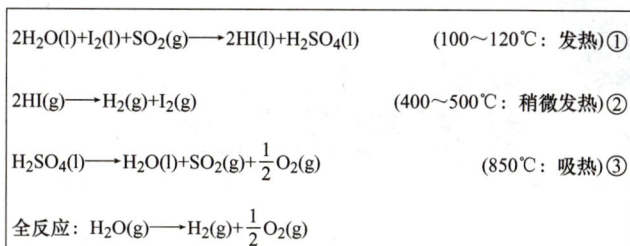

$2H_2O(l)+I_2(l)+SO_2(g)\longrightarrow 2HI(l)+H_2SO_4(l)$	(100～120℃：**发热**)①
$2HI(g)\longrightarrow H_2(g)+I_2(g)$	(400～500℃：**稍微发热**)②
$H_2SO_4(l)\longrightarrow H_2O(l)+SO_2(g)+\frac{1}{2}O_2(g)$	(850℃：**吸热**)③
全反应：$H_2O(g)\longrightarrow H_2(g)+\frac{1}{2}O_2(g)$	

a) 碘硫循环(IS)过程

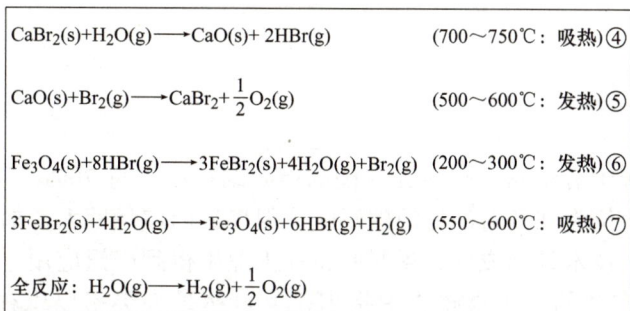

$CaBr_2(s)+H_2O(g)\longrightarrow CaO(s)+2HBr(g)$	(700～750℃：**吸热**)④
$CaO(s)+Br_2(g)\longrightarrow CaBr_2+\frac{1}{2}O_2(g)$	(500～600℃：**发热**)⑤
$Fe_3O_4(s)+8HBr(g)\longrightarrow 3FeBr_2(s)+4H_2O(g)+Br_2(g)$	(200～300℃：**发热**)⑥
$3FeBr_2(s)+4H_2O(g)\longrightarrow Fe_3O_4(s)+6HBr(g)+H_2(g)$	(550～600℃：**吸热**)⑦
全反应：$H_2O(g)\longrightarrow H_2(g)+\frac{1}{2}O_2(g)$	

b) UT-3过程

图 2-8　两个典型的热化学制氢过程

除了上述碘硫循环过程外，在小试规模上被证实的制氢方法还有如图 2-8b 所示的 UT-3 过程，参与循环的物质由固体和气体组成。如果参与循环的物质是固体，由于难以实现定量输送、反应性维持、温度控制等，会成为非现实性的过程，不过把固体（Ca 化合物、Fe 化合物）作为固定床而仅让气体循环来控制反应的运行方式已被设计出来。因此，人们对能够经受住与溴化物、氧化物重复反应（④⇔⑤，⑥⇔⑦）的固体反应物调整法等进行了研究，并在小试规模制氢上进行了实证。

另外，组合电能消耗小的电解反应与热化学反应的混合热化学过程也在探讨之中，不过由于效率与预期经济性还不透明，还在实验室的研究阶段。

在前面介绍的碘硫循环过程与 UT-3 过程中，要使高腐蚀性的卤素及卤化物在高温下反应，还存在着装置材料的选择与开发、运行条件的优化、制氢高效率化、装置高耐久性、与热源的结合技术、排热利用技术等许多要研究开发的课题。因此，需要进行工业用生产过程的实证性与经济性研究。

关于热源，有把聚集太阳光得到的高温热作为热源的想法，它作为一种高温气炉备受关注，主要是其具有经济性、安全性、可信赖性等特点。与高温气炉的开发计划密不可分的大规模核热利用热化学制氢技术也备受关注，此项技术有可能成为不排放 CO_2 的中长期大规模氢源。

第3章

化石能源制氢

3.1 煤制氢

我国的煤炭资源十分丰富，煤炭在我国的能源结构中占有 70% ～ 80% 的比重。虽然近些年煤炭的重要地位受到了石油能源的影响，但煤炭因储量巨大，加之科学技术的快速发展，煤炭气化等新技术日趋成熟，煤炭必将在工业中得到广泛应用。

习近平总书记在党的二十大报告中指出，大自然是人类赖以生存发展的基本条件。尊重自然、顺应自然、保护自然，是全面建设社会主义现代化国家的内在要求。必须牢固树立和践行绿水青山就是金山银山的理念，站在人与自然和谐共生的高度谋划发展。原中国工程院副院长表示，化石能源作为主体能源的格局不会改变，但会面临资源、环境、气候等挑战。中国能源革命分 3 步走，预计到 2030 年，化石能源在一次能源中的占比为 80% 左右，其中煤炭仍占中国一次能源结构的 50% 左右；到 2050 年煤炭、油气和非化石能源消费比例为 4∶3∶3。中国的能源结构与供需关系，决定了发展现代煤化工势在必行。要在现代能源体系理念下实现煤炭绿色转化，需坚持现代化、大型化、分质联产化、多原料化、智能化，大力发展绿色化工技术，包括原料绿色化、化学反应绿色化及产品的绿色化。应加快煤炭清洁高效利用，要从理念、工艺、技术、产品、管理全方位升级。例如石油替代和醇、醚、醛、芳烃、烯烃等下游含氧化合物是合理选择，在原料和路线选择上要以低阶煤清洁高效利用为主。在产品升级方面，煤制油可发展超净汽油、柴油、军用特种油、润滑油及精细化学品，煤制烯烃开发特殊用途功能材料、衍生品等。

在中国能源革命的过程中，煤化工应深度拥抱石油化工，差异化发展下游产品。即使传统煤化工的乙炔存在成本低、污染大、能耗高等问题，通过技术创新也有新出路。例如，氢等离子体与粉煤合成乙炔技术可使能耗降低 15% ～ 30%，没有废渣、废气排放，在此基础上可进一步深加工下游产品。

因此，我国在煤的使用过程中大力推行洁净煤技术，加快节能降碳先进技术研发和推广应用。而煤制氢将会是我国洁净煤技术的重点之一。国内已经工业化的煤炭制氢的方法主要为煤气化制氢。除此之外，煤制氢的方法还有煤焦化制氢、煤浆电解制氢等。传统的煤制氢工艺包括煤焦化制氢以及煤气化制氢。

3.1.1　煤焦化制氢

1. 煤焦化制氢的工作原理

煤焦化是指煤在高温（900 ～ 1000℃）、隔绝空气的环境下发生焦化的过程，可制得固态焦炭以及焦炉煤气等其他副产物。在焦炉煤气中含有 55% ～ 60%（体积分数）的 H_2。其反应式如下所示：

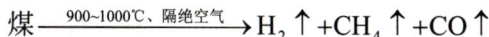

$$煤 \xrightarrow{\ 900\sim1000℃、隔绝空气\ } H_2\uparrow +CH_4\uparrow +CO\uparrow$$

2. 煤焦化制氢的工业现状及发展

我国煤炭产业蓬勃发展，煤焦化制氢的工艺日趋成熟。但是目前该项技术还存在着投资成本大、工业技术不成熟等问题，如纯氧产氢效率低，副产物产量大等缺点。此外，煤炼焦主要目的是制取焦炭，而焦化过程只是其中的一环，含有一部分 H_2 的煤焦炉气仅为该过程的副产物，相较于其他独立的制氢工艺，煤焦化制氢并没有明显的优势，因此在生产中逐渐被淘汰。

3.1.2　煤气化制氢

1. 煤气化制氢的工作原理

煤气化制氢工艺是一种在高温气化炉中使煤（煤粉、煤浆或者煤焦）和气化剂发生化学反应，生成以 CO、H_2 为主要成分的合成气，并且通过一系列提纯工序，如 CO 变换、低温甲醇洗工艺、H_2 提纯等，得到高纯度的 H_2 产品的工艺。

煤炭的气化过程包括干燥、热解、气化和燃烧 4 个阶段。干燥是通过物理变化将煤中的水分蒸发出来，以便后续反应的进行。随着温度的升高，煤分子发生热解反应，产生大量挥发性物质，其中包含少量的 H_2，并形成半焦。在气化炉中，半焦与气化剂发生化学反应，生成主要成分为 CO、H_2 和 CH_4 的气态产物，即粗煤气。气化过程涉及煤、H_2O、O_2、H_2、CO 和 CO_2 之间的相互反应。煤与 O_2 的反应为燃烧反应，该反应为气化过程提供热量，并且是气化过程的一部分。

气化的主要反应如下：

1）水蒸气转化反应：

$$C + H_2O \longrightarrow CO + H_2$$

2）水煤气变换反应：

$$CO + H_2O \longrightarrow CO_2 + H_2$$

3）部分氧化反应：

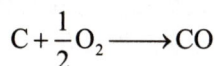

$$C + \frac{1}{2}O_2 \longrightarrow CO$$

4）完全氧化（燃烧）反应：

$$C + O_2 \longrightarrow CO_2$$

5）甲烷化反应：

$$CO_2 + 4H_2 \longrightarrow CH_4 + 2H_2O$$

6）布多尔（Boudouard）反应：

$$C + CO_2 \longrightarrow 2CO$$

2. 煤气化制氢的工艺流程

煤气化制氢的工艺流程可分为 4 个主要单元，包括煤气化单元、CO 变换单元、酸性气体脱除单元以及氢气提纯单元，主要流程如图 3-1 所示。

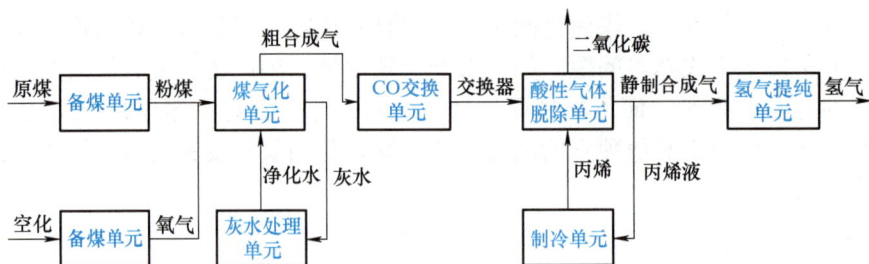

图 3-1　煤气化制氢的工艺流程

（1）煤气化单元　煤气化是煤制取 H_2 的核心技术，它将固态的煤转化为气态产品。这是一个热化学过程，使用煤或煤焦作为原料，以 O_2 和水蒸气作为气化剂，在高温、高压条件下将可燃部分转化为可燃性气体。进行气化的设备通常称为煤气发生炉或气化炉。

（2）CO 变换单元　该单元通过变换反应提高 H_2 产率，将 CO 与水蒸气反应，生成 H_2 和 CO_2。在煤炭制氢工艺中，根据催化剂的耐硫性，可以将变换分为非耐硫变换和耐硫变换，而大多数装置采用耐硫变换工艺。

（3）酸性气体脱除单元　煤气化经过 CO 变化单元处理后，产生了 H_2，伴生一些酸性气体副产物，如 CO_2。脱除酸性气体的方法主要有溶液物理吸收法、溶液化学吸收法、低温蒸馏法和吸附法 4 类，其中以溶液物理吸收法和溶液化学吸收法最为普遍。主流的工艺是低温甲醇洗工艺，该工艺采用冷甲醇作为溶剂来脱除酸性气体。该方法具有酸性气体选择性好、分离得到的气体纯净度高等优点，并且由于低温甲醇洗工艺能耗较低，故得到了广泛的应用。

（4）氢气提纯单元　使用变压吸附技术（Pressure Swing Adsorption，PSA）对生成的 H_2 进行进一步的提纯。PSA 技术具有能耗低、操作简单、产品氢纯度高、制造速度快、投资小等优势。

3. 煤的气化技术

如前面所述，煤气化制氢工艺的关键在于对煤气化技术的研究。气化技术对于气化效率以及生产 H_2 的成本至关重要。根据煤料与气化剂在气化炉内接触方式的不同，可将气化技术分为固定床气化技术、流化床气化技术、气流床气化技术等。

（1）固定床气化技术　固定床气化以块煤、焦炭块或型煤作为入炉原料，煤料与气化剂逆流接触。按照压力等级可将固定床气化技术分为常压固定床气化技术和加压固定床气化技术。

1）常压固定床气化技术。通过氮肥产业发展出的常压固定床气化技术，通常使用 25～75mm 的块状无烟煤或焦煤作为原料。然而，该技术存在一些缺点，如原料利用率低、操作烦琐、单炉日处理量少、产品气纯度较低、碳转化率较低等。目前逐渐被其他技术所取代。

2）加压固定床气化技术。加压固定床气化技术使用一种典型的加压固定床：鲁奇炉加压气化炉，该固定床以块煤（5～50mm）为原料，工作压力为 2.5～4.0MPa，气化反应温度为 800～1100℃。该技术有效气成分含量低、碳转化率较高。与常压固定床相比，鲁奇炉有效解决了常压固定床单炉产气能力低的问题，通过扩大炉径和增设破黏装置，提高了气化强度和煤种适应性，适用于除强黏结性煤以外的所有煤种。

（2）流化床气化技术　流化床气化技术采用 0～8mm 的粉煤作为原料，使煤颗粒与气化剂形成流化状态。该技术具有气化反应速率快、环境友好、床内温度场分布可控和过程易于控制等优点。然而，该技术仍然存在一些问题，如气化温度低、热损失大、粗煤气质量差等，这些问题限制了其大规模应用。

（3）气流床气化技术　气流床气化技术可以在高速反应的同时，利用气化剂夹带着煤粉高速喷入气炉，以提高反应速率。该技术具有气化温度高、碳转化率高、单炉生产能力强、煤气中不含焦油、污水少等优点。

4. 煤气化制氢的特点

1）我国煤炭资源丰富，利用煤炭进行 H_2 生产，原料成本较低。

2）煤气化装置可利用副产的大量蒸汽，节省炼油厂燃料油，降低生产成本。

3）煤气化制氢装置工艺成熟，并且适于大规模生产。

4）煤气化制氢配套装置较多，设备结构复杂，运转周期相对较长，设备投资较大。

5. 煤气化制氢的工业现状与发展

煤气化制氢技术发展已经有 200 余年，该技术通过将煤炭转化为气体燃料，再提取氢气，具有高能效、低排放和资源综合利用的优势，尤其适用于诸如我国等化石能源结构分布不均、多煤炭而少油气的国家。目前，随着清洁能源的快速发展和能源结构的优化，氢能源的需求增长迅速，在我国 2018—2023 年建设的 15 个炼化一体化项目中，有 11 个项目选择了煤气化制氢技术，煤气化制氢是我国能源结构中最经济的大规模制氢技术路线。但是，在新发展格局中，为推动绿色、可持续的能源发展，通过技术创新提高煤气化制氢的制氢效率，降低了能耗和制氢过程中 CO_2 的排放量，例如超临界水气化技术和膜分离技术等新兴技术的应用，将是推动煤气化制氢产业发展的重要因素。

3.1.3　煤浆电解制氢

电解制氢可根据水溶液中电解质成分不同分为电解碱性水溶液制氢、电解固体氧化物制氢、电解聚合物制氢、电解硫化氢制氢、煤浆电解制氢（电解水煤浆制氢）等。煤浆电解制氢作为一种清洁可靠的制氢方式，通常采用水煤浆（Coal Water Slurry，CWS，俗称液态煤，由 65% 煤、34% 水和 1% 添加剂通过物理加工得到）为原料。它是在 20 世纪 70 年代石油危机时出现的一种煤基流体代油燃料。目前，煤浆电解技术仍处在试验研究阶段，并未被大规模产业化应用。因此，本书仅对煤浆电解制氢的反应机理以及其工艺的影响因素进行介绍。

1. 煤浆电解制氢技术的反应机理

煤浆电解制氢又称为电解水煤浆制氢，是指在恒压条件下利用具有催化特性的惰性电极对水煤浆进行电解的过程。在这个过程中，阴极产生 H_2，阳极产生 CO_2。与传统的水电解制氢相比，煤浆电解制氢所需的最小电压仅为 0.21V，而传统水电解制氢所需的最小电压为 1.23V。早在 1979 年，库格林（Coughlin）和法鲁克（Farooque）就首次提出了在酸性介质下进行煤浆电解制氢的方法，其反应式如下所示：

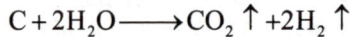

$$C + 2H_2O \longrightarrow CO_2 \uparrow + 2H_2 \uparrow$$

后来，又有研究人员发现了铁离子在反应中的重要作用，并提出了以下反应机理：

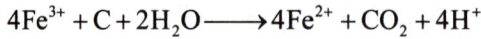

溶液中的化学反应：

$$4Fe^{3+} + C + 2H_2O \longrightarrow 4Fe^{2+} + CO_2 + 4H^+$$

阳极反应：

$$4Fe^{2+} \longrightarrow 4Fe^{3+} + 4e^-$$

阴极反应：

$$4H^+ + 4e^- \longrightarrow 2H_2$$

总反应：

$$C + 2H_2O \longrightarrow CO_2 \uparrow + 2H_2 \uparrow$$

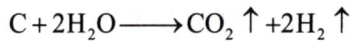

煤浆电解制氢的反应机制非常复杂，研究探索其反应机理以及影响因素，了解煤浆电解制氢过程中的反应机理，对于提高煤的利用率和制氢效率以及技术拓展具有重要意义。

2. 煤浆电解制氢技术的影响因素

煤浆电解制氢技术受到多个因素的影响，包括电极体系，煤种类、煤浆浓度和煤颗粒大小，电解质膜材料，温度，酸浓度和搅拌速率等。

（1）电极体系的影响

1）减少电解液的电压损失。由欧姆定律得：

$$V_{液} = IR_{液} = I\rho\frac{L}{A} = I\frac{L}{XA} \tag{3-1}$$

式中　　$V_{液}$——电解液的电压损失；

　　　　I——电流（A）；

　　　　$R_{液}$——电解液的电阻（Ω）；

　　　　ρ——电解液密度（g/cm^3）；

　　　　X——电解液的电导率，$X = \frac{1}{\rho}$ [1/（Ω•cm）]；

　　　　L——电极间的距离（cm）；

　　　　A——电解液的有效面积（cm^2）。

根据上述公式，可知电解液的电压损失与电解液的电导率成反比。因此，通常选择电导率较高的溶液作为电解液，以降低电解液的电阻。此外，电解液的电导率还受到电解液的浓度、煤颗粒浓度、搅拌速率和温度等因素的影响。随着温度升高，电解液的电导率增加。搅拌可以促进煤颗粒与电极的接触，加快反应速率，并使 H_2 从电解液中分离速率加快，从而降低电解液中的气体含量，实现节能的目标。

2）选择适当的溶液催化剂，可以有效降低电解过程中的电耗，提高制氢效率。

3）煤浆电解制氢技术可以通过提高催化电极的析氢活性来提升效率，其方法种类很多，如将阳极和阴极改为活性高的材料、对阳极和阴极材料的表面进行修饰等。

（2）煤种类、煤浆浓度和煤颗粒大小的影响　煤炭的主要成分有 C、H、O、N、S 和其他杂质，其中含有的—COOH、N、S 等在分子末端提供了反应活性位点，用于煤的电氧化反应。因此，不同成分的煤种会产生不同的电解效果。

在一定范围内，煤浆浓度会影响煤电解氧化速率，当煤浆浓度过大时，煤电解氧化的速率会降低。

试验中，由于受到煤与电解液和电极表面接触面积的影响，煤的不同颗粒大小会影响反应速率。在一定限度内，减小煤颗粒大小可增加反应速率。

（3）电解质膜材料的影响　电解反应的进行主要依赖于阳极和阴极之间的电解质膜，该膜具有传导质子和阻隔气体的双重功能。因此，电解质膜材料的质子传导性和离子选择性在电解反应中扮演着重要的角色。

（4）温度的影响　温度的升高，能够有效地降低活化能，提高反应速率。另外，温度对 Fe^{2+}/Fe^{3+} 之间的氧化还原反应有着重要的影响，进而影响煤浆电解过程的进行。

（5）酸浓度的影响　刘欢等学者发现工艺中采用浓度为 1mol/L 的 H_2SO_4 作为电解液时具有最佳的电解效果。赫塞诺夫（Hesenov）等提出，适当提高 H_2SO_4 浓度可以提高 H_2 产量，但当 H_2SO_4 浓度过高时，会出现相反的效果。

（6）搅拌速率的影响　搅拌速率对电解过程有着显著的影响，随着搅拌速率的增加，电流也随之增大，从而提高了电解效果。当搅拌速率过低时，煤很难分散并形成均匀的煤浆液，这会阻碍煤与电极的接触，从而降低反应速率。相反，较高的搅拌速率可以促进煤与电极表面的接触，并加速煤与电解液界面的扩散传质过程，从而加快反应速率。然而，当搅拌速率过快时，磁子的工作变得不稳定，容易导致电极碰撞并损坏电极。

3. 煤浆电解制氢技术的特点

在煤浆电解制氢技术中，人们着重研究利用阳极催化剂在少量电能作用下直接电解煤浆制得高纯度的 H_2，无论在煤炭的清洁利用方面，还是在廉价新能源氢的开发方面，此技术都具有极大的应用前景。

电解煤浆制氢技术有以下主要特点：

（1）电解效率高，能耗小　电解水制氢是目前常规的制氢技术之一，煤是水电解的阳极去极化剂，因此能降低电解过程中的电压损失。电解煤浆制氢反应的理论电位约为 0.21V，实际电解过程中需要 0.7～1.1V 的电压，这就大大降低了制氢成本，为煤浆电解制氢的应用奠定了理论基础。

（2）降低温室气体的排放　煤浆电解制氢产生的 CO_2 仅为阳极氧化反应的一部分，原料中的 C 并没有被彻底氧化成 CO_2 气体，而是有相当一部分被氧化成中间有机产物，残留在溶液中。因此，与传统的煤炭燃烧相比，煤浆电解制氢生成的CO_2少，减弱了CO_2引起的温室效应。

（3）对环境的污染较小　煤中含有一定量的N、S等杂质元素，在煤浆电解制氢的过程中，N、S元素被氧化为相应的氧化物和酸留在电解液中，并不会将其排放到空气中，从而大大地减少了酸雨等灾害，极大限度地减少了对环境的污染。

（4）气体产物不需要分离　在煤浆电解制氢的过程中，会在装置阴极产生纯净的H_2，产氢电流的效率一般为90%以上；在装置的阳极上产生CO_2。两者在制备过程中可以分开收集，不需要纯化和分离氢的设备，这就在一定程度上简化了煤炭高温裂解生成气体时所需要的分离工艺，降低了成本。

（5）设备简单，反应条件温和　该工艺与煤炭高温气化制氢相比，并不会产生具有污染性的气体；反应过程中电解效率高，能耗较小；气体产物分离简单。这使得工艺设备简单，大大降低了制氢成本。

4. 煤浆电解制氢技术的工业现状与发展

煤的电解制氢最早在20世纪30年代有相关报道。1979年，库格林和法鲁克首次提出了在酸性介质下利用电解煤浆制氢的技术。作为一个煤炭利用大国，我国在山西和上海等地进行了大量的煤炭高温气化研究，但在煤浆电解制氢方面的研究起步较晚。我国最早开始研究煤浆电解制氢技术是在1982年，北京石油大学的戴衡和赵永丰以硫酸溶液为介质，采用铂网作为电极进行了煤电解制氢的研究。2017年，上海交通大学的向康引入Fe^{3+}/Fe^{2+}电对来改变化学反应工艺，提升了制氢效率。截至目前，煤浆电解制氢的实质性研究在国外刚刚起步，而在国内也是一个全新且具有极高研究价值的课题。可以预见，在不久的将来，这个课题将成为全球研究的热点之一。

3.1.4　煤炭超临界水气化制氢

近年来，煤炭超临界水气化制氢技术的研究及工业化试验是制氢产业的热点。超临界水（Supercritical Water，SCW）是指温度、压力高于水的临界点（T=374.3℃，P=2.205MPa）状态下的水。水在这一状态下时，变为气液相界面消失的均匀流体。与传统煤气化制氢不同，煤炭超临界水气化制氢技术将煤气化和变换反应整合在一起，省去了除尘、变换、脱硫等工艺，大大简化了工艺流程，从源头上根除了硫化物、氮化物等污染物排放，大幅提高能源转化效率。煤炭超临界水气化制氢技术是近几年发展起来的制氢新工艺，本小节将对其进行介绍。

1. 煤炭超临界水气化制氢技术的原理

煤的超临界水气化制氢技术是指直接将煤炭运用于超临界水气化制氢中，利用超临界水的特殊性质使煤在这种环境下进行气化制氢的过程。该过程是一个微吸热过程，不需要添加氧化剂。煤炭超临界水气化制氢过程中，可能发生的化学反应有蒸汽重整、水气转化和甲烷化反应。其主要方程式如下：

$$C + H_2O \longrightarrow CO + H_2$$

$$CO + H_2O \longrightarrow CO_2 + H_2$$

$$CO_2 + 4H_2 \longrightarrow CH_4 + 2H_2O$$

超临界水同时具有载能工具和反应媒介双重功能，发生气化反应时，煤中的 C、H、O 元素快速转化为 H_2 和 CO_2，将煤炭化学能直接高效地转化为氢能。

2. 煤炭超临界水气化制氢技术的工艺流程

煤炭超临界水气化制氢技术的工艺流程如图 3-2 所示。首先，经过气化预处理的煤和超临界水在气化室中进行气化反应，生成合成气和水。在反应过程中产生的余热被回收到气化产物余热回收换热器中，用于预热超临界水和朗肯循环的给水。经过余热回收后，气化产物的温度降至约 30℃，然后通过减压阀对气体产物进行降压处理，从而分离出合成气。预热水从换热器中被输送到超临界锅炉内，经加热后达到超临界状态，再用于反应过程中。

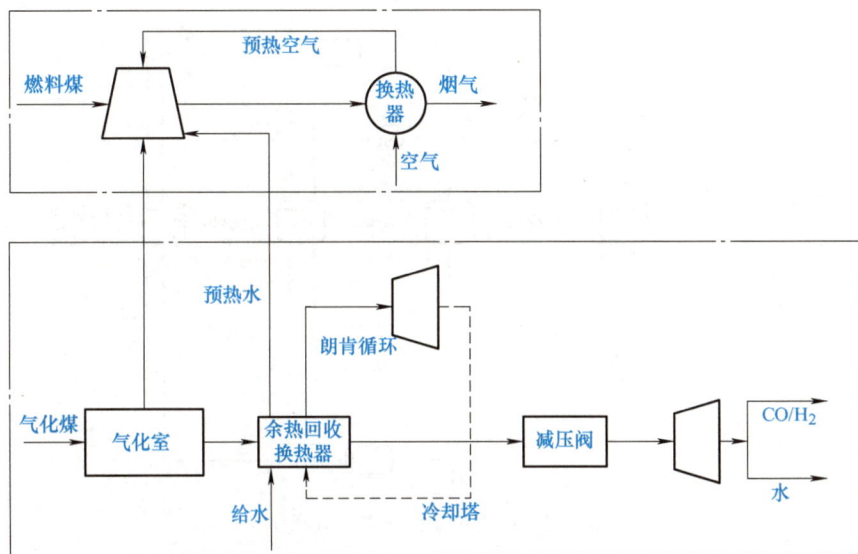

图 3-2　煤炭超临界水气化制氢技术的工艺流程图

3. 煤炭超临界水气化制氢技术的特点

1）在煤炭超临界水气化制氢技术反应中，煤和超临界水中的氢元素可以完全转化为 H_2，因此与传统气化技术相比，该技术能够获得更高的 H_2 收率和质量分数。

2）由于超临界水的特性，通过这种方法可以有效地防止煤中的 N 和 S 等元素以气态污染物的形式排放到环境中，从而降低了环境污染的程度。

3）煤炭超临界水气化制氢技术可以与发电和高压加氢技术相结合，从而实现更高的能源利用效率。

4）该技术对设备的强度和压力控制系统有较高的要求，需要在 22MPa 以上的高压条件下进行操作。

4. 煤炭超临界水气化制氢技术的工业现状与发展

煤炭超临界水气化制氢技术是一种新型制氢技术，其发展时间较短，目前还处在早期的研发阶段。西安交通大学动力工程多相流国家重点实验室一直致力于煤炭超临界水气化制氢技术的研究。通过 20 多年的技术攻关，不断对煤炭超临界水气化制氢技术进行完善，以使其走出了实验室，实现大规模工业化应用。

3.1.5　煤制氢零排放技术

美国洛斯·阿拉莫斯国家实验室（Los Alamos National Laboratory，LANL）最早提出了一种零排放的煤制氢发电技术，通过高温蒸汽与煤进行反应，产生 H_2 和 CO_2。其中，H_2 被用作高温固体氧化物燃料电池（Solid Oxide Fuel Cell，SOFC）的燃料，用以产生电力；CO_2 则与 CaO 反应生成 $CaCO_3$，随后 $CaCO_3$ 在高温下经煅烧转化为高纯度的 CO_2，而 CaO 则被回收再利用。释放出的 CO_2 与 $MgSO_4$ 反应生成稳定的可储存的 $MgCO_3$ 矿物。LANL 零排放煤制氢流程如图 3-3 所示。

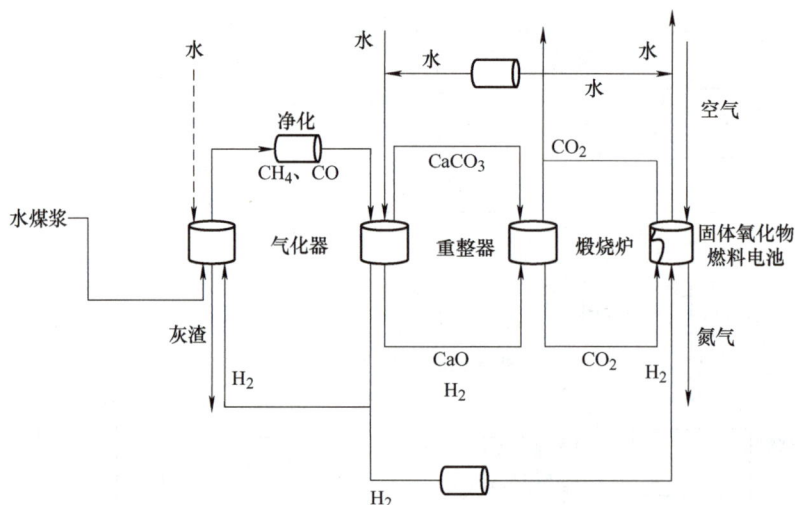

图 3-3　LANL 零排放煤制氢流程

通过煤和水反应生成 H_2，并且在气化过程中添加 CaO 作为 CO_2 吸收剂，显著提高了碳转化为氢的效率。利用产生的 H_2 作为原料与固体氧化物燃料电池（SOFC）结合，产生电能，并同时进行碳捕集，实现对 CO_2 的无害化处理。在系统中，煤粉与水混合，制成水煤浆，然后送入气化器。在气化器中，煤与水在一定的温度和压力下反应，生成复杂的气体混合物（主要成分为 CO 和 CH_4），同时将产出的废渣在此排出。气化器中产生的混合气体，即合成气，在经过净化后进入重整器，进行水气重整和变换反应，CO 进一步与水反应生成 H_2 和 CO_2，同时 CH_4 转化为 CO，再转化为 H_2 和 CO_2。产生的新混合气体包括 H_2、CO 和 CO_2，其中产生的 CO_2 会与重整器中的 CaO 反应生成 $CaCO_3$。由于 CO_2 被 CaO 吸收，推动反应平衡朝着生成 CO_2 的方向移动，促使更多的碳转化为 CO_2，从而提高了碳转化为氢的效率。在氧化钙重整器中最终产生富氢而贫碳的气体（H_2 为主体成分）。产物气除了部分进入气化器参与气化反应外，其余部分会进入固体氧化物燃料电池（SOFC），产生电能和热量。H_2 氧化成水后可以循环利用。重整器中产生的 $CaCO_3$ 在煅烧炉中利用固体氧化物燃料电池产生的废热进行煅烧，使 CaO 再生，实现 CaO 的循环利用。产生的纯 CO_2 气体可以收集利用，从而形成一个完整的物料和能量循环系统。该系统输入煤和水，产生电能和热量，整个制氢过程几乎不产生污染物，达到近零排放的目标，为实现节能减排、可持续发展目标做了积极的贡献。

3.2　石油制氢

我国的能源结构中，石油扮演着至关重要的角色。作为一种重要的化石能源，石油广泛应用于交通运输、工业生产、农业和家庭生活等多个领域。其中，石油制氢是一项关键技术，它利用石油炼制后得到的烃类物质（如石脑油、重油、石油焦和炼厂干气等）作为原材料制备 H_2。为了实现现代化产业体系的建设，我们坚持将经济发展的着力点置于实体经济上，加速制造业的发展，将石油制氢有机纳入我国氢能体系，大幅降低氢能产业成本，积极有序推进"碳达峰碳中和"，实现高水平、高质量的发展。通过深入了解石油制氢的不同工艺流程和设备方法，我们可以更全面地把握石油制氢的发展现状和应用前景，与时俱进，迎合实际需求，助推产业的可持续发展。石油制氢技术依照不同的原材料、不同的工艺流程和设备分为不同的制氢方式。

3.2.1　石脑油制氢

石脑油是一种轻质油（分子式为 C_nH_m，n 为 $4 \sim 7$，m 为 $10 \sim 16$），它是石油经蒸馏后的产物之一。石脑油可以分为轻石脑油与重石脑油，而工业上制备 H_2 的原料是轻石脑油。轻石脑油是石油在 $70 \sim 145℃$ 温度范围的馏分，是碳含量为 $C_4 \sim C_7$ 的气态烃部分。

1. 石脑油制氢的原理

石脑油与水蒸气在高温条件下发生反应，生成 H_2 与 CO，其主要方程式如下：

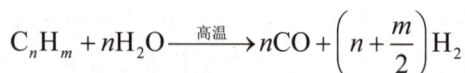

$$C_nH_m + nH_2O \xrightarrow{\text{高温}} nCO + \left(n + \frac{m}{2}\right)H_2$$

生成的 CO 气体可与水蒸气进一步发生反应，生成 CO_2 和 H_2，以提升 H_2 的产量。反应方程式如下：

$$CO + H_2O \longrightarrow CO_2 + H_2$$

2. 石脑油制氢工艺流程

传统的石脑油制氢全工艺路线可分为 4 个单元，即原料气处理单元、蒸汽转化单元、CO 变换单元以及 H_2 提纯单元。它们对应的工艺流程主要包括石脑油增压脱油脱氟处理、蒸汽转化、CO 变换、变压吸附（PSA）工艺流程，如图 3-4 所示。

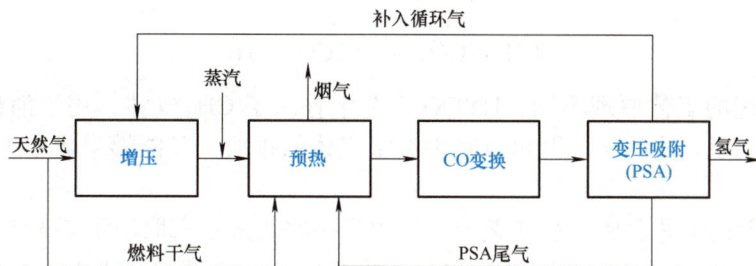

图 3-4　石脑油制氢流程

（1）原料气处理单元　该单元主要对石脑油原料进行预处理，在 H_2 作用下，去除原料中的 S、Cl 等杂质。此类杂质会腐蚀设备和管道并对后续工艺产生严重影响。使用的 H_2 为部分产品，并作为循环气重复处理，去除杂质的主要反应如下：

$$COS + H_2 \longrightarrow CO + H_2S$$

$$RSH + H_2 \longrightarrow RH + H_2S$$

$$RCl + H_2 \longrightarrow RH + HCl$$

同时使用 ZnO、CuO 等催化剂，用于吸收上述除杂反应中产生的 H_2S 和 HCl 气体。以 H_2S 为例，反应式如下所示：

$$ZnO + H_2S \longrightarrow ZnS + H_2O$$

$$CaO + H_2S \longrightarrow CaS + H_2O$$

（2）蒸汽转化单元　通过水蒸气作为氧化剂，将脱硫后的原料气体进入该单元后，其中的烃类物质在催化剂的作用下与水蒸气发生化学反应，获得 H_2 和 CO。反应对应的方程式如下：

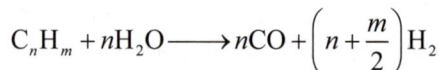

$$C_nH_m + nH_2O \longrightarrow nCO + \left(n + \frac{m}{2}\right)H_2$$

（3）CO 变换单元　含有一定 CO 的原料气发生转化反应，使 CO 与水蒸气反应生成 CO_2 和 H_2。

（4）H_2 提纯单元　提纯是全工艺的最后一个阶段，也是制氢的关键阶段，用于去除产品 H_2 中所含的杂质，提高 H_2 纯度。PSA 是一种分离效果很好的气体分离技术，它利用吸附剂对变换气中各组分的吸附容量随压力变化而变化的特性，使得吸附剂在加压条件下有选择性地吸附 CO、CO_2、N_2 等，再在减压条件下可逆脱附这些杂质，使吸附剂再生使用。当前很多制氢公司都采取了低耗能的变压吸附（PSA）技术。

3. 石脑油制氢的 HYCO 工艺流程

另一种石脑油制氢的生产工艺为 HYCO 工艺（HYCO 为 Hydrogen 和 CO 的简称）。HYCO 工艺中发生的主要反应如下：

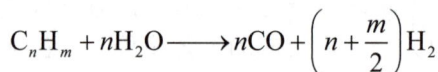

$$C_nH_m + nH_2O \longrightarrow nCO + \left(n + \frac{m}{2}\right)H_2$$

$$CO + H_2O \longrightarrow CO_2 + H_2$$

$$CH_4 + CO_2 \longrightarrow 2CO + 2H_2$$

与前文所述的工艺原理不同，HYCO 工艺中补入了 CH_4 气体，用于消耗石脑油转化反应中生成的 CO_2。这种工艺既可以减少温室气体的排放，又能够生成 CO，以提高经济效益。

相较于之前的工艺，HYCO 工艺流程做出了一些改进。它取消了 CO 变换单元，而在石脑油转化单元中增加了胺洗脱 CO_2 单元，采用甲基二乙醇胺法来去除酸性气体。去除

CO_2 后，合成气进入冷箱单元，在低温分离的原理下，去除了 CH_4 和 N_2 等杂质成分，得到了高纯度的 CO 和 H_2。随后，H_2 进入 PSA 单元进行进一步提纯，得到纯氢。HYCO 工艺主要流程如图 3-5 所示。

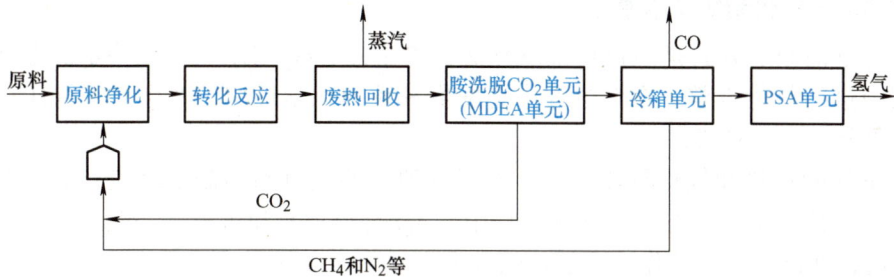

图 3-5　HYCO 工艺主要流程

4. 石脑油制氢的特点

1）随着工业发展对轻质石脑油需求的不断增加，轻质石脑油的价格不断攀升，导致以石脑油为原料的制氢过程成本不断上升。

2）石脑油中含有大量杂质，需要采用多种催化剂和除杂工序进行预处理，增加了工艺的复杂性。

3）石脑油制氢过程在高温条件下进行，这会消耗大量能源。制氢过程中的反应通常是放热反应，但反应过程中余热利用不充分，导致能源的浪费。

4）石脑油制氢会产生 CO_2，加剧温室效应。

5. 石脑油制氢的工业现状与发展

利用石脑油制取 H_2 是传统生产 H_2 的一种方法。1959 年，英国帝国化学工业集团（Imperial Chemical Industries，ICI）开发并建设了第一套以石脑油为原料的烃类水蒸气转化制氢装置，随后建设了 40 多套类似装置用于制氢。1990 年，我国也建成了利用石脑油进行制氢的装置。然而，随着轻石脑油价格的上涨，到 1994 年，石脑油制氢中原料石脑油费用已经占制氢总成本的 90%，相比之前的 75% 有了显著增加。此外，使用石脑油制备 H_2 时能耗较大，导致石脑油逐渐被其他烃类物质取代。对于石脑油制氢而言，提高石脑油在生产工艺中的附加值以及在反应过程中的利用率成为当前的主要研究方向。例如，利用 HYCO 工艺，可以在以石脑油为原料制取 H_2 的同时生产 CO，从而提高了石脑油的综合利用率。

3.2.2　重油制氢

1. 重油简介

根据密度的不同，原油可以分为常规石油（轻质油）、中质油和重油三类。相对于轻质油，重油在我国通常称为稠油，是在提取汽油和柴油后剩余的重质油。重油的主要成分是 C 和 H，还含有少量的 S、N 和 O 等杂质。

目前，国内外对重油的定义存在较多差异，各种定义主要使用重度（美国石油学会，American Petroleum Institute，API）和黏度作为划分参数。1981 年 2 月，联合国训练研究所在美国纽约召开专家会议，对稠油给予更量化的定义，即在原始油藏温度下，脱气原油黏度为 $100 \sim 10000 mPa \cdot s$，或在 $15.6℃$ 及 $0.1013MPa$ 压力下的密度为 $0.934 \sim 1g/cm^3$ 的原油。

2. 重油部分氧化制氢基本原理

主流的重油制氢方式是通过局部氧化法，将重油、O_2 与水蒸气在特定的温度与压力的重整器中进行氧化重整。在该过程中会发生一系列化学反应，产生 CO 和 H_2。期间反应过程主要分为 3 个阶段：

（1）重油的预热和气化阶段　为了确保重油能够充分参与制氢反应，需要对其进行气化处理，使其转化为气态。在气化过程中，重油会与 O_2 和水蒸气一起通过气化炉的喷嘴喷入炉内，在高温环境的作用下被加热并发生气化，以便于后续反应的进行。

（2）反应阶段　重油被炉内高温环境加热至着火点，与 O_2 进行反应，反应伴随大量热量产生。这一反应很容易进行，但因供应的 O_2 量并未达到完全燃烧的 O_2 量，故未被氧化的烃类大部分与水蒸气进行反应，生成 CO 和 H_2；小部分烃类在高温下自行分解生成 CH_4、C 和 H_2。该阶段为重油制氢过程的主要反应阶段，进行的反应如下所示：

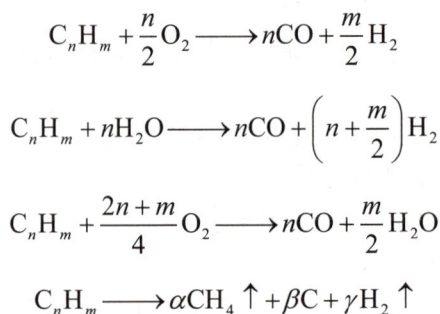

$$C_nH_m + \frac{n}{2}O_2 \longrightarrow nCO + \frac{m}{2}H_2$$

$$C_nH_m + nH_2O \longrightarrow nCO + \left(n + \frac{m}{2}\right)H_2$$

$$C_nH_m + \frac{2n+m}{4}O_2 \longrightarrow nCO + \frac{m}{2}H_2O$$

$$C_nH_m \longrightarrow \alpha CH_4 \uparrow + \beta C + \gamma H_2 \uparrow$$

式中　α——生成 CH_4 的摩尔系数；

β——生成 C 的摩尔系数；

γ——生成 H_2 的摩尔系数。

（3）均热阶段　在反应器的剩余部分阶段中，温度处于相对均匀的状态，反应阶段生成的部分物质在高温下发生一些副反应，在该阶段生产的合成气常伴有少量的炭黑存在，此外重油中所含有的硫杂质在装置内经过化学反应转化为 H_2S，并被 ZnO 等催化剂所吸附。

3. 重油部分氧化制氢工艺流程

重油部分氧化制氢工艺主要由两个部分组成，即主体装置部分和辅助设施部分，重油制氢流程如图 3-6 所示。其中，主体装置部分包括空气分离部分、油气化部分、炭黑回收装置、CO 的耐硫变换部分、H_2 提纯部分等；辅助设施部分包括废水处理装置、硫回收和尾气处理装置等。

（1）空气分离部分　空气分离部分的作用是向重油部分氧化反应提供高纯度的 O_2 和 N_2。其中，O_2 纯度与产品 H_2 的纯度有关，H_2 的纯度随 O_2 的纯度下降而下降。

（2）油气化部分　油气化过程即重油部分氧化制氢的反应过程，在该阶段重油经上述反应转化成粗制合成气。重油在气化过程中会生成少量的炭黑，这部分炭黑经水洗后成炭黑水，随废水排出系统。

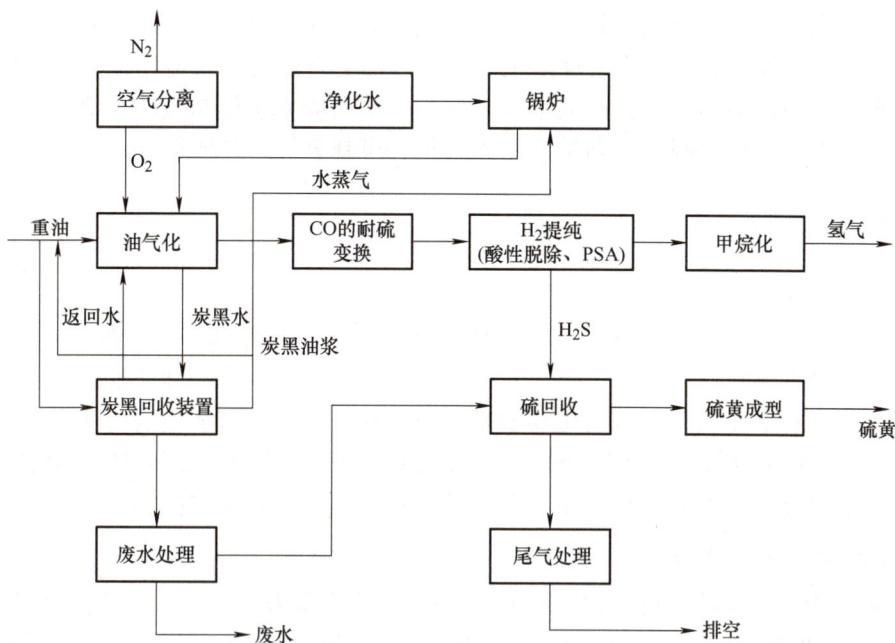

图 3-6　重油制氢流程

（3）CO 的耐硫变换部分　水洗后的合成气含有近一半的 CO，该步主要将 CO 与水反应生成 H_2 和 CO。由于重油中含有硫等杂质，在 CO 转化时需要在具有良好耐硫性的反应器中进行。

（4）H_2 提纯部分　经 CO 变换后的变换气中常含有 CO_2 和 H_2S 等酸性气体。本单元利用低温甲醇的物理吸收方法洗去酸性气体，后经 PSA 装置提纯，得到高纯度的 H_2。

4. 重油部分氧化制氢的特点

1）重油价格较低，原料在制氢成本中占较低的比重，且重油制氢会产生炭黑副产物，若合理利用，能够提高经济效益。

2）如前文所述，重油部分氧化制氢过程由两个部分组成，工艺流程较复杂，操作条件较严苛。

3）重油部分氧化制氢过程对 O_2 的要求较高，O_2 的纯度对产品 H_2 的纯度有直接影响，因此空气分离部分的投资在主体部分投资中占很大的比重。

4）制氢过程能耗较大，使制氢成本提高。

5）制氢过程中会产生氨和氰化物，需要特定的除杂装置进行处理，增加了投资成本。

5. 重油部分氧化制氢的工业现状及发展

通过部分氧化还原的方法将重质油纯化成 CO 和 H_2 的专利最早由美国德士古公司和英国壳牌公司掌握。早期，这项技术主要用于合成氨、甲醇、醋酸和城市煤气等领域。重油部分氧化制氢装置（原合成氨装置）是我国第六个“五年计划”（1981—1985 年）期间化肥厂的关键设备。起初，重油作为燃油生产过程中的废弃物，在大多数领域并没有得到充分利用，但在制备氨气方面却表现出良好的效果。此外，重油价格较低，用于制氢可以获得较高的经济效益，因此得到了广泛应用。然而，随着科研人员的不断研究，重油在其他领域（如冶金等）的利用价值逐渐被开发。再加上石油资源日益短缺和油品价格不断上涨，以石化产品作为制氢原料的成本越来越高，重油部分氧化制氢的价值优势也逐渐减弱。因此，重油部分氧化制氢逐渐被天然气制氢、煤制氢等工艺所取代。

3.2.3 石油焦制氢

1. 石油焦简介

石油焦是炼油厂焦化装置产生的一种固态副产品，它是原油经过蒸馏分离轻质油后，将重质油经过热裂解转化而成的产品。它的外观类似于煤炭，是一种质地坚硬、呈不规则形状的固体，具有金属光泽。石油焦并不是一种具有确定组成和结构的物质，在重质油研究领域中，常以甲苯（或苯）不溶物来表示石油焦。石油焦的主要成分是 C 和 H，占总质量的 90%（质量分数）以上，此外还含有少量的 O、N、S 和金属等杂质。

2. 石油焦制氢的工作原理

石油焦制氢是指利用石油焦原料在一定的高温及压力条件下，发生气化反应制取 CO、H_2 合成气的过程。气化反应时，石油焦由反应器底部进入，分别经历干燥区、裂解区、还原区。在干燥区，石油焦中含有的水分被蒸发出来，易于后续反应进行；在裂解区的高温环境下，石油焦发生热裂解生成由 C、H_2、CH_4、CO、CO_2 和焦油等组成的挥发分；在还原区，水蒸气在催化剂作用下将剩余的 C、CO、CO_2 还原，生成 CO、H_2 和 CH_4 等气体。石油焦制氢主要发生以下反应：

$$C + H_2O \longrightarrow CO + H_2$$

$$C + CO_2 \longrightarrow 2CO$$

$$C + 2H_2 \longrightarrow CH_4$$

$$CH_4 + H_2O \longrightarrow CO + 3H_2$$

$$CO + H_2O \longrightarrow CO_2 + H_2$$

3. 石油焦制氢的工艺流程

石油焦制氢的工艺流程主要包括空气分离、石油焦气化、CO 变换、H_2 提纯 4 部分。工艺流程如图 3-7 所示。

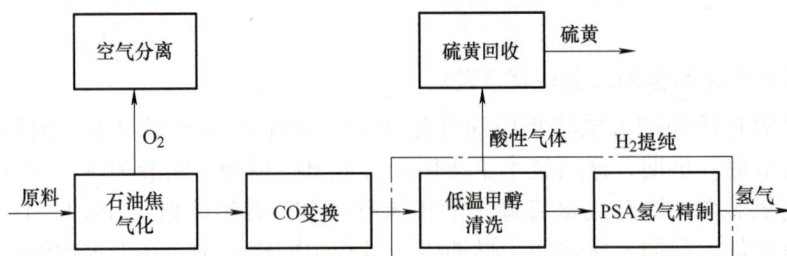

图 3-7 石油焦制氢工艺流程

（1）空气分离部分　该部分的主要目的是在石油焦气化过程中提供高纯度的 N_2 和 O_2。空气分离主要有 3 种工艺技术：深冷分离、变压吸附分离和膜分离。对于 O_2 纯度高、压力高、大型化的空气分离装置，均采用深冷分离技术。

（2）石油焦气化部分　原料石油焦经过料浆制备单元制成合格料浆后，与空气分离装置提供的 O_2 一同进入气化单元的气化炉。原料料浆在气化炉内发生部分氧化还原反应，得到粗合成气，其主要成分为 H_2 和 CO。合成气在石油焦气化单元经过急冷和洗涤除尘后，进入 CO 变换单元。

（3）CO 变换部分　该部分的主要目的是通过变换反应使得 CO 与水蒸气反应生成一定量的 H_2，提高产氢率。CO 与水蒸气经过变换反应产生的 H_2 经过废热回收以及冷却洗涤后进入下一个单元。CO 变换部分设置在石油焦气化部分之后，根据催化剂是否耐硫，可分为耐硫变换和非耐硫变换。

（4）H_2 提纯部分　H_2 提纯部分包括低温甲醇清洗和 PSA 氢气精制两个部分。变换气在低温甲醇清洗单元脱除所含的 S 和 CO_2 后，进入 PSA 氢气精制单元进行精制，得到合格纯度的工业 H_2 产品后外送；低温甲醇清洗单元产生的含有 H_2S 的酸性气体在硫回收单元得到副产品硫黄。

4. 石油焦制氢的特点

1）石油焦作为石油加工过程中得到的低值副产品，利用其来进行制氢既可以解决高硫石油焦的出路问题，又可改变传统制氢高成本的问题，该法可以做到优化资源配置，具有很好的综合经济效益。

2）高硫石油焦制氢工艺技术成熟可靠，石油焦来自炼油厂，供应有保障，产品 H_2 供应炼油厂，市场风险小。

3）石油焦制氢需要首先将固态的石油焦进行料浆制备后才能参与气化制氢反应，且反应对料浆具有较高的要求，工艺复杂。

4）石油焦气化装置投资较高，需要具备一定规模才能产生效益。

5）石油焦气化反应速率较慢。

6）就气化过程的碳转化率而言，石油焦反应活性及可燃性相对较差。

5. 石油焦制氢的工业现状与发展

目前已工业化的石油焦气化技术较多，国外专利拥有商有美国通用电气等公司，我国华东理工大学也开发出了多喷嘴气化等各种煤（石油焦）气化技术。在各种类型的煤气化技术中，仅华东理工大学的多喷嘴气化等少数水煤浆气化技术具有实际掺用石油焦的使用经验和试验研究数据。与煤制氢技术相比，石油焦气化制氢技术还需在以下 3 个方面寻求技术突破：

1）提高水浆的浓度和稳定性。

2）提高 H_2 的浓度和分离效率，利用膜分离 - 气化炉联合技术，将 H_2 的生成效率提高到 85% ～ 90%。

3）改善石油焦气化活性以提高转化率。

近年来，我国石油焦产量逐渐增多，2023 年我国国产石油焦总量为 2962 万 t。由于我国进口原油中硫的含量不断增加，焦化生成的石油焦中含硫量也不断增加，导致石油焦质量下降。石油焦气化制氢技术的发展不仅可使石油焦经济效益提高，而且还解决了高硫石油焦的利用问题。

3.2.4　炼厂干气制氢

1. 炼厂干气简介

炼厂干气是指炼油厂炼油过程中产生并回收的非冷凝气体（也称蒸馏气），包括催化裂化干气、催化重整干气、加氢干气、焦化干气等。炼厂干气来源复杂多样，成分也各有不同，主要为 C_2H_4、C_3H_6 等烯烃类物质和 CH_4、CH_3CH_3 等烷烃类物质，还含有一些 S、Cl 等杂质。炼厂干气中通常含有少量的 H_2 成分，可通过深冷分离、变压吸附分离和膜分离等方法直接分离得到 H_2，也可作为制氢原料，进行 H_2 的制备。但是由于部分干气中烯烃含量过高会使反应用催化剂发生严重的结炭现象，因此应选用烯烃含量低的炼厂干气用作制氢原料。

2. 炼厂干气蒸汽转化法制氢

对于炼厂干气蒸汽转化法制氢而言，反应气中组分多为 $C_1 \sim C_5$ 的小分子烃类，这些小分子烃类通过与蒸汽反应产生 H_2，无须再进行烃类裂解等反应。

炼厂干气蒸汽转化法制氢工艺流程主要包括：干气加氢增压精制脱硫除杂、干气蒸汽转化、预热、CO 变换、PSA 氢气精制。具体工艺流程与前文所述的制氢工艺相似，不同之处在于以干气为制氢原料时需要对其进行加氢精制。该过程除了要去除原料气中 S、Cl 元素以外，还要去除饱和原料气中的烯烃物质。工艺流程如图 3-8 所示。

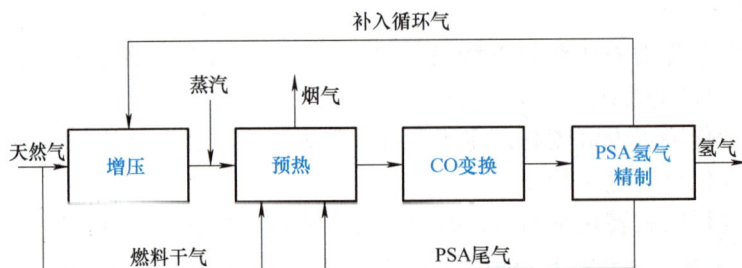

图 3-8　炼厂干气蒸汽转化法制氢工艺流程

3. 炼厂干气制氢的特点

1）炼厂干气制氢工艺是在石脑油制氢工艺的基础上发展起来的，因此工艺技术成熟可靠、操作便利。

2）对于炼厂干气蒸汽转化法制氢而言，小分子烃类与水直接反应，避免了烃类裂解等其他反应的进行，因而相较于其他石油制氢工艺节约了大量能源，降低了制氢成本。

3）炼厂排除的废弃干气较其他石油产品更加廉价，能够降低制氢成本。

4）选择氧化催化剂活性较高，并且对于 H_2、CO 有着较好的选择性，有利于提高原料的利用率及 H_2 产率。

5）相较于其他石油制氢工艺，炼厂干气制氢工艺反应工序少，减少了基础设备投资。

6）炼厂干气制氢能获得廉价的制氢原料，但是反应过程中干气中的烃类物质未得到合理利用。

4.炼厂干气制氢的工业现状与发展

炼厂干气作为炼油厂产生的产品废气，以其作为制氢原料具有较高的经济效益，推动了高质量发展。炼厂干气蒸汽转化法制氢是在前文所述的石脑油制氢工艺的基础上发展起来的，但因为炼厂干气组成复杂，应用该方法制氢的机理复杂，工序烦琐，相比较而言，选择氧化工艺具有显著优势。炼化一体化也是国内炼油厂的一种趋势，炼油厂气资源的综合利用，对于提高炼油厂的经济效益和加工深度具有重要意义。炼厂干气制氢的技术已在一些炼油厂得到了应用，目前的研究主要集中在如何降低炼厂干气精制成本、选择氧化工艺耦合和开发新型反应器将蒸汽转化等方面，以便降低制氢过程中的能源损耗，降低炼厂干气制氢成本。

3.3　天然气制氢

天然气是一种混合气体，主要由天然存在于岩石圈、水圈、地幔和地核中的烃类组成。其中，CH_4 是其主要成分，它是结构最简单的碳氢化合物，也是含氢量最高的化合物，其储氢量达到 25%（质量分数）。目前，拥有天然气制氢技术的国外公司主要有法国的德希尼布（Technip），德国的鲁奇（Lurgi）、林德（Linde）和伍德（Uhde），英国的福斯特·惠勒（Foster Wheeler）及丹麦的托普索（Topsoe）等，综合能耗基本为 $11.30 \sim 12.56GJ/1000m^3H_2$。天然气制氢主要采用自热转化法和蒸汽转化法两种工艺，以 Technip、Uhde、Linde 的 3 种蒸汽转化工艺为代表的蒸汽转化法最具优势，在装置上应用最多。加拿大采用 Technip 工艺建设的最大的单系列制氢装置规模已达 $23.6 \times 10^4m^3/h$。截至 2022 年年底，国内现有的大型、特大型天然气制氢装置多为国外引进技术，核心技术蒸汽转化工序仍需要采用国外的先进工艺技术，但在变换和 PSA 纯化工艺技术方面，西南化工研究设计院开发的 PSA 技术已具有工业应用的条件。天然气作为一种清洁能源，其高效利用有助于减轻我国对石油资源的过度依赖，符合我国的环境保护理念。因此，天然气在很早之前就受到了广泛的关注和使用，我国天然气制氢位于煤制氢后（列第二位），是工业上最主流的制氢技术之一。研究天然气制氢工艺可以增强环境保护力度，促进资源的有效利用，具有非常重要的社会效益和经济效益。

中国科学院院士认为，绿氢或许是新能源革命中的一匹黑马。绿电、绿氢、人造太阳是新能源的"三驾马车"，全球已迈入"氢热时代"。我国氢能发展迎来"黄金期"，将形成像我国天然气工业一样的中国"绿氢工业"体系。我国不适合照搬欧洲的"氢电模式"，早期需结合天然气管网及基础设施优势，发展"气氢融合"模式。油气公司发展绿氢有先天独特的优势。现阶段氢能技术存在四大矛盾：技术发展不充分与市场需求多样化之间的矛盾，研发周期长、投入大与产业短期收益之间的矛盾，成果转化不通畅与产业发展规模之间的矛盾，攻关力量碎片化与技术创新体系化之间的矛盾。这四大矛盾将影响我国氢能全产业链技术的发展，需要系统解决。

国家发展和改革委、国家能源局发布的《氢能产业发展中长期规划（2021—2035

年)》中明确了氢能的战略定位、目标和主要任务。该文件指出，建立以工业副产氢和可再生能源制氢为主的氢能供应体系。我国发展天然气制氢技术势在必行。

3.3.1 天然气蒸汽重整制氢

1. 天然气蒸汽重整制氢的基本原理

天然气蒸汽重整制氢是指在一定温度、压力及催化剂作用下，天然气中的烷烃分子与水蒸气发生重整反应，产生 H_2 的过程。天然气蒸汽重整制氢是天然气制氢方向中一项成熟的技术，它主要包含两个吸热反应和一个放热反应。制备合成气的化学反应方程式如下：

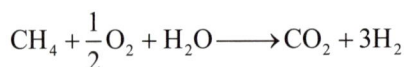

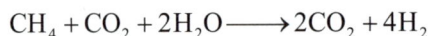

$$CH_4 + 2H_2O \longrightarrow CO_2 + 4H_2$$

$$CH_4 + \frac{1}{2}O_2 + H_2O \longrightarrow CO_2 + 3H_2$$

$$CH_4 + CO_2 + 2H_2O \longrightarrow 2CO_2 + 4H_2$$

2. 天然气蒸汽重整制氢的工艺流程

天然气蒸汽重整制氢工艺由 4 个单元组成，分别为原料气预处理单元、蒸汽转化单元、CO 变换单元和 H_2 提纯单元，工艺流程如图 3-9 所示。

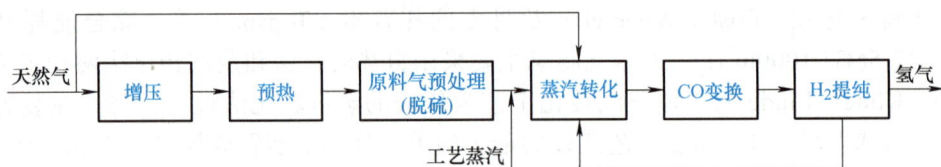

图 3-9　天然气蒸汽重整制氢工艺流程

（1）原料气预处理单元　原料气预处理单元的主要目的是对原料气进行脱硫处理。天然气中含有的硫元素不仅会影响产品 H_2 的品质，还会对一些反应设备造成腐蚀，因此应设法将其去除。该单元主要利用某些脱硫剂对原料气进行脱硫。

（2）蒸汽转化单元　蒸汽转化单元为天然气蒸汽重整制氢的主要反应单元，该单元的反应较为复杂。反应时以水蒸气作为氧化剂，利用镍催化剂使天然气中的烃类物质发生转化反应，得到 H_2 和 CO。

（3）CO 变换单元　天然气蒸汽转化反应会产生大量的 CO，这些 CO 可在此单元中的催化剂的作用下与水蒸气发生转化反应，生成 CO_2 和 H_2，提高 H_2 产量。

（4）H_2 提纯单元　H_2 提纯是天然气制氢的一个关键阶段。反应生成的产品 H_2 中通常含有部分杂质，需要经过提纯处理后才能进行使用。

3. 天然气蒸汽重整制氢的特点

1）天然气含氢量高，原料中不含烯烃、芳烃或其他有毒元素，是非常适合制氢用的原料。

2）天然气蒸汽转化制氢工艺可以实现反应余热的反复使用，大大降低了能耗，并且避免了再次加热的问题。

3）天然气蒸汽转化制氢工艺生产具有半自动化的特征，控制难度不高。

4）制氢过程为高温反应，需要使用耐高温设备，提高了制氢成本。

5）制氢过程会产生大量的 CO_2，加剧温室效应。

4. 天然气蒸汽重整制氢的工业现状与发展

天然气蒸汽重整制氢自 1926 年首次应用后，经过不断的工艺改进，已发展为目前最成熟的制氢技术之一，被广泛用于 H_2 的工业生产。天然气蒸汽重整制氢能够适用于工业上大规模制氢，这种制氢方式不仅具有很好的经济性，而且其产品 H_2 的提取率和纯度都有很高的水平。但这种制氢技术受原料影响较大，我国天然气使用率相对较低，天然气资源储备相对匮乏，这也是制约该技术广泛应用的主要原因。

3.3.2 天然气高温裂解制氢

1. 天然气高温裂解制氢的反应原理

天然气高温裂解制氢是指在一定条件下，天然气直接发生裂解反应，将分子内的氢转化为 H_2 的过程。在早期，对甲烷裂解反应的研究主要集中在合成气和制备碳纳米材料方面。随着燃料电池的发展，甲烷催化裂解制氢逐渐成为研究的热点。CH_4 直接裂解制氢的过程只产生 H_2 和碳纳米材料，不会产生 CO 和 CO_2，从而降低了对环境的污染。其反应式如下：

$$CH_4 \longrightarrow C + 2H_2$$

2. 天然气高温裂解制氢的工艺流程

天然气高温裂解制氢的工艺流程相对简单，如图 3-10 所示。首先，将天然气和空气按照完全燃烧的比例混合、增压，并输送到反应炉中进行燃烧。当温度逐渐升至 1300℃时，停止供给空气，只向体系中供应天然气，使其在高温下发生裂解，生成炭黑和 H_2。然后，将生成的炭黑与 CH_4 进行气固分离，分离出固态的碳纳米材料。接下来，通过变压吸附，将气态的 H_2 和 CH_4 分离，使 CH_4 可以继续循环使用。这种工艺路线可以同时生产 H_2 和碳纳米材料，具有较高的经济效益。

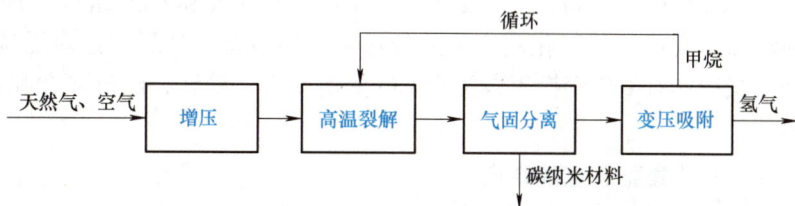

图 3-10 天然气高温裂解制氢的工艺流程

3. 天然气高温裂解制氢的特点

1）这是一种方便、快捷的制氢方法，产品 H_2 的纯度高，不含有 CO 等杂质。这个过程也被认为是环保工艺，反应所得到的 H_2 产品可用于质子交换膜燃料电池等对燃料中

CO 含量要求严格的系统。

2）热催化裂解甲烷技术使 CH_4 直接裂解生成 C 和 H_2，可实现 CO_2 的零排放。

3）与天然气蒸汽重整相比，高温裂解制氢的分离设备更加简单，因此可缩短工艺流程，简化操作单元，减少在设备方面成本的投入。

4）天然气高温裂解制氢可在得到 H_2 的同时获得高附加值的碳材料，形成附加利润。

5）天然气高温裂解制氢对于反应温度以及催化剂的要求较高，相对增加了成本。

4. 天然气高温裂解制氢的工业现状与发展

由于天然气高温裂解制氢的产物仅为高纯度的富氢气体和高附加值的碳纳米材料，因此在商业应用方面具有较高的前景。近年来，随着燃料电池汽车的发展，天然气高温裂解制氢也成为国际研究的热点。目前，催化剂的使用寿命以及副产品碳纳米材料的有效利用仍然是限制天然气高温裂解制氢大规模应用的关键，特别是副产品碳纳米材料的利用，其中含有原料 CH_4 约 42% 的能量，只有充分利用这部分能量，才能更好地发挥天然气高温裂解制氢的优势。

3.3.3 天然气部分氧化重整制氢

1. 天然气部分氧化重整制氢的反应原理

天然气部分氧化重整制氢是指在有限量纯氧存在的重整器中，通过加热氧化重整天然气，产生 CO 和 H_2 的过程。天然气与 O_2 进行部分氧化反应时，生成物的组成会随着 O_2 含量和反应条件的变化而变化。当制取 H_2 作为反应产物时，反应式如下所示：

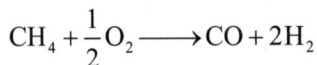

$$CH_4 + \frac{1}{2}O_2 \longrightarrow CO + 2H_2$$

$$CO + H_2O \longrightarrow CO_2 + H_2$$

2. 天然气部分氧化重整制氢的工艺流程

如图 3-11 所示，天然气部分氧化重整制氢的工艺流程如下：首先，经过压缩机压缩后的天然气进入加热器，将温度升至约 145℃。同时，将 O_2 压缩到相同的压力后与天然气一起进入气化炉。在气化炉的气化室中，天然气在约 140℃、8.53MPa 的条件下发生部分氧化反应，生成合成气。合成气主要由 H_2、CO、水蒸气和 CO_2 组成，还含有少量的 CH_4 和微量的炭黑。合成气从气化室出来后经过激冷室冷却，然后通过炭黑洗涤塔进行炭黑的洗涤处理，接着送往 CO 变换工段进行 CO 变换反应。最后，经过除杂和提纯处理后，得到纯净的 H_2。

3. 天然气部分氧化重整制氢的特点

1）同传统的天然气蒸汽重整方法相比，天然气部分氧化重整工艺的能耗较低。

2）天然气催化部分氧化可以实现自热反应，反应器可以采用廉价的耐火材料堆砌，减少了部分成本投入。

3）天然气部分氧化反应条件苛刻，不易控制。

4）天然气部分氧化重整过程需要大量的纯氧，这增加了空气装置投资和制氢成本。

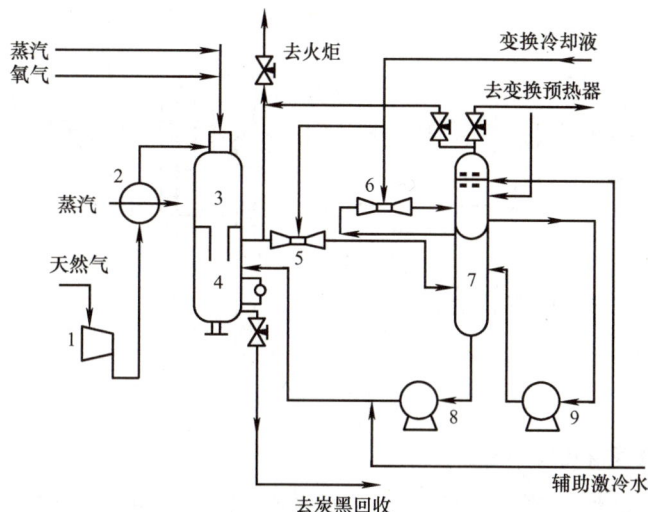

图 3-11 天然气部分氧化重整制氢的工艺流程

1—压缩机 2—加热器 3—气化炉的气化室 4—激冷室 5、6—文丘里洗涤器
7—炭黑洗涤塔 8—激冷水泵 9—水泵

4. 天然气部分氧化重整制氢的发展现状

自 20 世纪末开始，天然气部分氧化重整制氢引起了广大学者的兴趣。有 3 篇文章先后在 *Nature* 和 *Science* 等期刊上发表，得到了广泛的学术认可，证明了该方法在 H_2 制备方面具有巨大的潜力。然而，目前仍存在一些问题，限制了其进一步的发展，主要包括廉价高纯度 O_2 的来源、稳定反应所需的催化材料、催化剂床层的热点问题以及操作体系的安全性等方面。

3.3.4 天然气自热重整制氢

1. 天然气自热重整制氢的反应机理

天然气自热重整制氢是在部分氧化反应中引入水蒸气，使放热的部分氧化重整和强吸热的蒸汽重整相结合，在部分氧化中产生的热量被蒸汽重整所吸收，实现整个系统的热量平衡。其化学反应式如下：

$$CH_4 + (2-2x)H_2O + xO_2 \longrightarrow (4-2x)H_2 + CO_2 (0 < x < 1)$$

2. 天然气自热重整制氢的工艺流程

天然气自热重整制氢工艺进行了从外部供热到内部自供热的转变，对能源的利用更加合理。工艺流程如图 3-12 所示。

饱和水蒸气、天然气与 O_2 一同输送到流化床反应器中，进行重整反应。该反应器通常分为氧化区和催化区两个区域。天然气的部分氧化反应主要在氧化区内进行，催化区则发生天然气的蒸汽重整反应。反应产生的合成气具有高热量，需要通过热交换来进一步利用。高温的合成气经过废热锅炉回收热能后，进入水煤气变换单元进行 CO 变换反应。最后，通过闪蒸和变压吸附处理，得到纯净的 H_2。

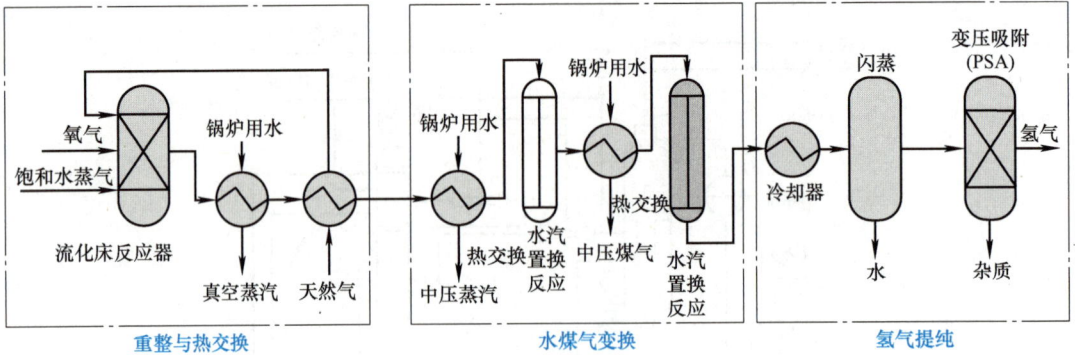

图 3-12　天然气自热重整制氢工艺流程

3. 天然气自热重整制氢的特点

1）天然气自热重整制氢与天然气蒸汽重整工艺相比，将外部供热改为了自供热，反应热量利用更为合理。

2）天然气自热重整由于不需要外界提供热源，简化了系统并减少了起动时间。

3）由于天然气自热重整反应的强放热反应和强吸热反应在反应器中分步进行，因此反应器仍需使用耐高温材料，这就提高了天然气自热重整制氢工艺的装置投资。

4. 天然气自热重整制氢的工业现状与发展

天然气自热重整工艺是目前天然气制氢行业发展的热点，然而由于其自身工艺的限制，需要富氧空气或者纯氧进行反应，因此需要额外的空气分离装置，增大了工艺的复杂性。有一种新型重整反应器——透氧膜反应器可降低工艺的复杂性，目前处在试验研究阶段。可预计，透氧膜反应器投入工业生产后，将大幅降低制氢成本，推动天然气自热重整制氢的发展。

第4章

生物质制氢

　　生物质是指一切非石化的、可生物降解的有机物，包括所有植物、动物、微生物以及由这些生命体排泄或代谢产生的有机物质。木材、农作物残茬、污水、废水等是最常见的生物质资源，它们之所以被称作"清洁能源"，是因为它们将太阳能以碳氢化合物的形式存储起来，在生命周期中吸收的 CO_2 和作为能源使用时排出的 CO_2 相当。据统计，热带天然林生物质的年生长量为每公顷 0.9 ～ 2t 石油当量。全世界每年通过光合作用储藏的太阳能相当于全球能耗的 10 倍。

　　太阳能经光合作用变成生物质能，再经过处理变成气态的含 H_2 的合成气，或液态生物柴油、甲醇等。H_2 可以直接用于燃料电池发电，生成的水被生物再一次利用，生成新的生物质。由生物质能转变成的液态燃料可以供给发动机输出能量并释放 CO_2，这些排放的 CO_2 是在生物质的光合作用过程中被固定的。在生物质能利用过程中 CO_2 的排放量与生物质生长过程中 CO_2 的吸收量相当，从整体来看，生物质能在利用的过程中并不排放额外的 CO_2。

　　生物质制氢的主要方式包括生物转化和热化学转化。从本质上讲，它是以光合作用产生的生物质为基础的，具有原料储量大、节能、环保性能优异等优点。因此，成为制氢领域人们广泛关注的研究课题。如图 4-1 所示为生物质制氢的主要方式。

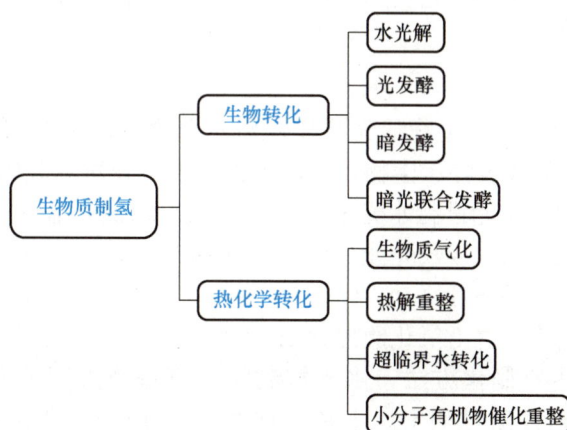

图 4-1　生物质制氢的主要方式

　　其中，生物转化制氢（即生物制氢）技术具有清洁、节能和不消耗矿物资源等突出优点。作为一种可再生资源，生物体可以进行自身复制、繁殖，还可以通过光合作用进行物质和能量转换，通过这种转换系统可以在常温、常压下利用酶的催化作用得到 H_2。从长远和战略的角度来看，以水为原料，利用光能通过微生物制取 H_2 是最有前景的方法。许多国家正投入大量财力对生物制氢技术进行开发研究，以期早日实现该技术向商业化生产的转变。

4.1 生物转化技术

生物转化制氢（即生物制氢）是一种利用微生物代谢产生 H_2 的技术。早在 100 多年前科学家们就发现，在微生物的作用下，通过蚁酸钙的发酵可以从水中制取 H_2。1931 年，斯蒂芬森（Stephenson）等人首次提出在细菌中含有氢化酶，它可以催化 H_2 的可逆氧化还原反应：$H_2 \rightleftharpoons 2H^+ + 2e^-$。1937 年，Nakamura 最早观察到光合细菌在黑暗中放氢的现象。1942 年，加夫罗（Gaffron）和鲁宾（Rubin）发现，一种已在地球上存在 30 亿年之久的蓝绿色海藻——栅列藻能在一定的条件下通过光合作用产生 H_2。1949 年，盖斯特（Gest）等在研究了深红红螺菌后建议，利用紫色光合细菌制氢。此类细菌在有机碳源存在下生长会放出 H_2，氢也可以通过光还原 CO_2，使之变为醛，接着通过酶反应产生 H_2，并从细菌机体中被释放出来。经过多年微生物产氢的研究，现已证明，产氢作为一种生理性状广泛地存在于光合营养生物中。

随着 20 世纪 70 年代能源危机的爆发，生物制氢的实用性和可行性受到了更多的重视。相关研究工作主要聚焦在以下两个领域：第一，寻找高产氢量的光合细菌，例如 1984 年由日本的 Miyake 等科学家筛选出的紫色非硫光合细菌，其平均产氢速率为 18.4μL/（h•mg 细胞干重）；第二，专注于研究产氢工艺，以推动生物制氢技术不断向实际应用阶段发展。

目前，能产氢的生物有几百种，遍布于从原核生物到真核生物的不同属之中。常用的生物制氢技术可归纳为水光解、光发酵、暗发酵、暗光联合发酵 4 类。

4.1.1 水光解

水光解制氢是一种利用微生物的光合作用将水分解，产生 H_2 和 O_2 的技术。绿藻和蓝藻是水光解制氢技术的代表性微生物。这两种微生物生长对养分的需求较低，只需要空气、水、简单无机盐和光就能进行水光解直接产生氢。绿藻和蓝藻有两个光合作用中心：一个是光合系统Ⅱ（PSⅡ），接收光能分解水，从而产生 O_2、e^- 和 H^+；另一个是产生还原剂用于固定 CO_2 的光合系统Ⅰ（PSⅠ）。PSⅡ产生的 e^- 由铁氧化还原蛋白携带，通过 PSⅡ和 PSⅠ到达氢化酶，再由氢化酶催化 H^+ 生成 H_2。这一过程如图 4-2 所示。

作为一种环保的生物制氢方法，水光解制氢一直备受人们关注。1939 年，加夫罗发现栅列藻能够在新陈代谢过程中产生氢。1942 年，加夫罗和鲁宾又发现，栅列藻可以在厌氧条件下吸收 H_2 并固定 CO_2，而在光照条件下产生 H_2，但这个过程持续的时间很短。

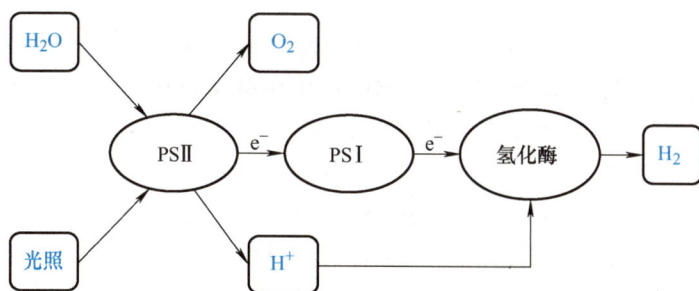

图 4-2　绿藻和蓝藻水光解制氢过程

随后的许多研究发现了多种可以产氢的绿藻，如莱茵衣藻和小球藻等。蓝藻是一种可以通过光合作用产生 O_2 的简单原核生物，它有多种形态（如单细胞、丝状和集落）。蓝藻产氢过程在念珠藻属和鱼腥藻属中得到了深入的研究。为了提高产氢量，大量研究提出了不同的方法来增加氢化酶对氧的耐受性，从而延长产氢时间。水光解制氢的主要优点是可以在常温、常压下从水中制氢，但是水光解制氢的速率受多种因素影响，如原料、催化剂、温度、光强等。研究表明，采用 $Ni_3P–Ni/G–C_3N_4$ 复合材料作为制氢原料，产氢速率可高达 203.3mmol/（g•h），若用 Ni_xP_y/Cd_s 复合材料替代制氢原料，并采用不同的添加剂，可将产氢速率提高到 601.5mmol/（g•h）左右。如果将原料改为泡沫炭，并使用不同的催化剂，最大产氢速率可以高达 1061.87mmol/（g•h）。可以看出，有效利用催化剂可以大大提高水光解的产氢速率。尽管如此，在实际的工业化和商业化应用中，仍有许多技术问题有待解决，如制氢效率低、制氢周期长、制氢成本高等。

4.1.2　光发酵

光发酵制氢通常在厌氧和光照条件下产生 H_2。光发酵的制氢机制是光合细菌利用光能催化引发的厌氧发酵反应，提取小分子有机物质。目前，一般以大豆废水、乳制品废水、淀粉废水作为光合细菌产氢的底物，产氢光合细菌有深红红螺菌、红假单胞菌、荚膜红假单胞菌和桃红荚硫菌等。

大量研究表明，光合细菌产氢是在固氮酶脱氢作用下进行的。光合细菌只含有 PSⅠ，电子供体一般为有机物，所以 H_2 一般是在厌氧的情况下产生的。与水光解制氢相比，厌氧光发酵不释放 O_2，消除了氢与氧分离的问题，从而大大简化了生产过程。光发酵制氢的生化途径均可表示为

$$(CH_2O)_x \rightarrow 铁氧化还原蛋白 \rightarrow 固氮酶 \rightarrow H_2$$

在厌氧和缺氮条件下，光合细菌一般以有机酸（乙酸、丁酸、乳酸和苹果酸等）为底物产氢。以乳酸为底物的制氢过程如下：

$$C_3H_6O_3 + 3H_2O \longrightarrow 6H_2 \uparrow + 3CO_2 \uparrow$$

除了有机酸，光合细菌还可以利用单糖（葡萄糖）和多糖（淀粉）产氢，相应的化学反应如下：

$$C_6H_{12}O_6 + 6H_2O \longrightarrow 12H_2 + 6CO_2$$

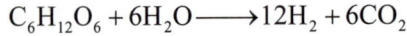

光发酵的产氢速率受溶液 pH、底物浓度、发酵微生物种类和光强等因素的影响。例如，梭状芽孢杆菌等厌氧微生物在代谢过程中产生小分子有机酸，而有机酸有利于提高产氢效率。因此，许多研究者开发了梭状芽孢杆菌和光合细菌组成的复合配方，以提高产氢效率。以混合酸为底物，经过不断的光照、分离、纯化，最终可以获得一种耐盐光合细菌——类球红细菌。有研究将耐酸梭状芽孢杆菌和类球红细菌混合培养，结果发现当培养基浓度、初始 pH 和接种量之比达到一定值时，产氢效率可以显著提高。有学者以乙酸和果糖为碳源，将 Rhodops Eudomonaspalustris WP3-5 和 Anabaena sp.CH$_3$ 两种细菌混合培养，发现混合培养细菌的总产氢量几乎是两种细菌单独产氢量的两倍。有研究将德氏乳杆菌与类球红细菌混合培养，发现最大产氢速率显著提高。

综上所述，光发酵制氢技术可以利用有机酸、有机废水等多种有机物，可利用来源广泛，且生产过程不含氧，通过基因技术或者将光合细菌与其他微生物混合培养等方法可以提高产氢效率。因此，光发酵制氢技术具有广阔的应用前景。但是，光发酵过程需要光照，这导致进行扩增测试变得困难。

4.1.3 暗发酵

暗发酵制氢又称作厌氧发酵生物制氢，其产氢机制是在厌氧条件下由异养厌氧细菌将有机废物转化为有机酸进行发酵。发酵细菌可以利用碳水化合物、葡萄糖、半乳糖、蔗糖、淀粉、纤维素、硫化物等物质，将它们分解产生 H$_2$。

分解有机物中产氢的厌氧微生物主要分为专性厌氧菌和兼性厌氧菌两大类。专性厌氧菌一般包括梭菌属、脱硫弧菌属等细菌，兼性厌氧菌主要包括肠杆菌、埃希菌和克雷伯菌。目前研究较多、产氢能力较好的 4 种微生物是梭状芽孢杆菌、肠杆菌、大肠埃希氏菌和芽孢杆菌。暗发酵菌可以在氮酶或加氢酶的作用下，将多种底物（甲酸、乳酸、纤维素双糖、硫化物等）分解成 H$_2$。以葡萄糖为底物产生 H$_2$ 的化学反应如下：

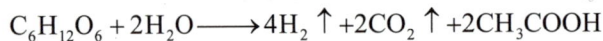

$$C_6H_{12}O_6 + 2H_2O \longrightarrow 4H_2\uparrow + 2CO_2\uparrow + 2CH_3COOH$$

目前，暗发酵制氢是一种比较先进的生物制氢方法。它具有底物来源广、无光照连续制氢、反应条件温和、产氢过程稳定可靠、成本低等优点。但该方法也存在一些缺点，如原料利用率低、对产物抑制作用明显、尾液污染环境等。

4.1.4 暗光联合发酵

暗光联合发酵制氢是一种利用光发酵产氢菌和暗发酵产氢菌各自优势的技术。该技术具有高产氢效率和高底物转化效率。一般来说，生产过程包括两个步骤：首先，生物质原材料经过预处理（离心、沉淀、过滤等），进行暗发酵制氢，同时排放一些尾液（含有有机酸）。其次，以暗发酵尾液中的小分子有机酸作为电子供体，在固氮酶催化下进行光发酵，产生 H$_2$。暗光联合发酵制氢过程如图 4-3 所示。

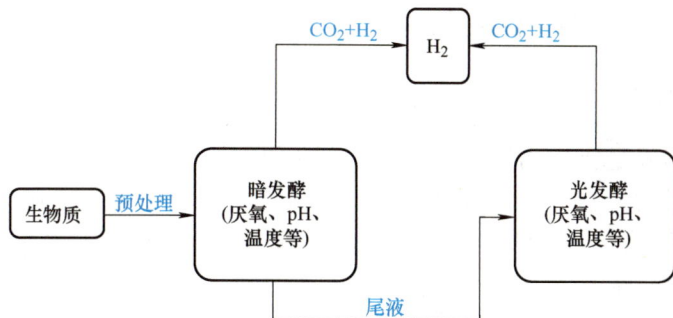

图 4-3　暗光联合发酵制氢过程

这种暗光联合发酵技术效率高、成本低，可以显著提高 H_2 产量，得到了广泛的研究。Nath 等人曾尝试利用类球红细菌 O.U.001 对阴沟肠杆菌 DM11 的代谢物进行光发酵，发现其含氢量远高于单一工艺。陶虎春等证实在暗光联合发酵的两步实验中，使用蔗糖作为底物可以显著提高产氢量，最大产氢量可达 6.63mol H_2/mol 蔗糖。Lo Yung-Chung 等在淀粉酶解后，利用暗光联合发酵两步工艺制氢，气氢产量可以达到 3.09mol H_2/mol 葡萄糖，说明两步法可以提高底物转化效率，且产氢原料成本低。张全国等以玉米秸秆为底物，比较了光发酵、暗发酵和暗光联合发酵 3 种发酵方式的产氢率和能量转换效率，结果表明，暗光联合发酵制氢的方法具有更高的产氢率和能量转换效率。

暗光联合发酵制氢技术兼具暗发酵和光发酵的优点，能够将多种底物转化为 H_2，在商业化大规模制氢和可持续管理方面具有一定的发展潜力和应用前景。但这种方法中的两种菌株需要不同的生长和营养环境，这意味着每个菌株对应的产氢速率不同，因此在产氢方面存在一定的限制。

4.1.5　生物制氢前景

考虑到人类面临的资源稀缺和环境问题，开发清洁的生物制氢技术变得至关重要，其发展前景是令人鼓舞的。有理由相信，在不久的将来，生物制氢的工业化生产将成为现实，该技术的研究、开发和推广应用将带来显著的经济、环境和社会效益。

近年来，我国生物制氢有很大的进展。国内首个生物制氢及发电一体化项目已在哈尔滨市平房污水处理厂完成入场安装、联调，起动试运行。该项目涵盖六大系统，包括制氢、提纯、加压、发电、交通场景应用和发酵液综合利用。在制氢环节中，采用农业废弃秸秆、园林绿化废弃物、餐厨垃圾、高浓度有机废水等作为发酵底物，利用高效厌氧产氢菌种作为产氢微生物，实现氢的回收。这一过程不仅处理了废弃物，还避免了化石能源制氢过程中对环境的污染，从源头上控制了 CO_2 排放。

4.2　热化学转化技术

热化学转化制氢是一种通过热化学处理将生物质转化为富氢气体，然后从中分离出 H_2 来获得纯氢的方法。这种方法可以直接从生物质或生物质解聚的中间产物（如甲醇和乙醇）中生产 H_2。一般来说，热化学转化方法包括四大类，即生物质气化、热解重整、超临界水转化、小分子有机物催化重整。

4.2.1 生物质气化

生物质气化制氢是指生物质原料在气化剂（如空气、水蒸气、O_2 等）作用下转化为含氢可燃气体的过程。在气化反应过程中，焦油和炭是不可避免的副产物。在现有研究中，通常采用天然矿石、碱金属等催化剂促进焦炭气化，降低焦油含量。如图 4-4 所示为生物质气化制氢的过程。

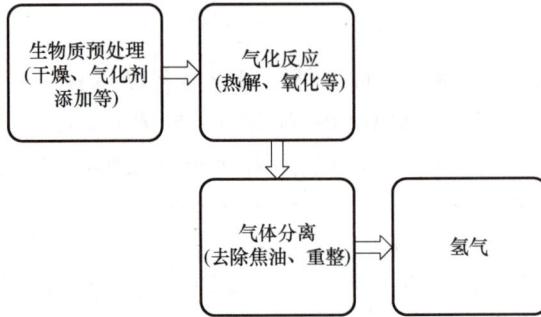

图 4-4　生物质气化制氢过程

生物质气化制氢需要气化剂，如空气、水蒸气、O_2 等。利用水蒸气作为气化剂，可以提高产气中的 H_2 含量，产气热值高，但能耗大。采用空气作为气化剂，可以降低成本，但是产气中的 H_2 含量极低。生物质气化制氢涉及许多反应，关键的反应如下：

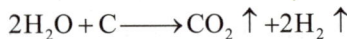

$$C + O_2 \longrightarrow CO_2$$
$$2C + O_2 \longrightarrow 2CO$$
$$C + CO_2 \longrightarrow 2CO$$
$$H_2O + C \longrightarrow CO\uparrow + H_2\uparrow$$
$$2H_2O + C \longrightarrow CO_2\uparrow + 2H_2\uparrow$$
$$H_2O + CO \longrightarrow CO_2 + H_2$$
$$CH_4 + H_2O \longrightarrow CO + 3H_2$$
$$C + 2H_2 \longrightarrow CH_4$$

从上述反应式可以看出，在生物质气化过程中会产生 H_2、CO、CO_2、CH_4 等小分子碳化物。此外，每种化学反应的温度通常为 450～1000℃。冯艳等人讨论了以农业废弃物为原料在固定床上进行反应时，反应温度和蒸汽流量对气化制氢的影响，结果表明，较高的气化反应温度和适当的蒸汽流量可以获得较高的产气量。张洋等讨论了反应温度和钾盐催化剂对生物质气化制氢的影响，结果表明，在高温条件下，KCl 能降低碳转化率并提高产氢量，其他钾盐也能促进氢产量。哈马德（Hamad）等人讨论了使用 O_2 作为气化剂时，催化剂类型、O_2 用量和气化停留时间对产氢的影响，结果表明，使用熟石灰作为催化剂，当氧气与原料的比例为 1∶4，停留时间为 90min 时，制氢效果最好。高宁博等研究了不同温度下产生的产气组成、气体密度、产氢速率和气化效率等，结果表明，产氢速率随温度的升高而升高，导致产气组分浓度变化较大。

生物质气化产氢速率在很大程度上取决于生物质原料、催化剂和气化剂的选择，此外，温度和气化剂停留时间对 H_2 生产过程具有显著影响。然而，要实现相对较高的温度和净化的气化剂，将导致巨大的能源消耗，从而意味着相当大的成本。

4.2.2　热解重整

热解重整是一个复杂的过程，在没有气化剂的情况下，将生物质在高温条件下加热，然后通过一系列传热和化学反应生成气体、液体和固体。如图 4-5 所示为热解重整制氢过程。

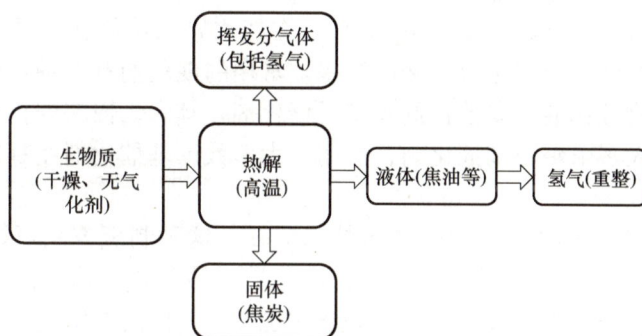

图 4-5　热解重整制氢过程

生物质热解重整过程中形成黏稠且难以气化的焦油，需要进一步重整才能获得 H_2。目前的重整方法有 5 种：蒸汽重整法、水相重整法、自热重整法、化学链重整法和光催化重整法。其中，化学链重整法实现了 H_2 的原位分离，是一种绿色、高效的新型制氢工艺。

赫庆兰等在流化床中对生物质进行了催化热解重整，研究发现挥发分气体量与热解温度有关，此外，催化剂中加入 NiMo 可以使产氢率从 13.8g/kg 生物质提高到 33.6g/kg 生物质。Ansari 等以甘蔗渣为原料，在常压下的双床反应器中热解重整制氢，结果表明，当使用纳米双金属作为催化剂时，产氢率明显提高，焦油含量降低。罗思义等利用硅酸盐工业的高温炉渣进行生物质热解重整制氢，当温度为 1000℃，炉渣与生物质的质量比为 3∶5 时，生物质可完全热解，产气率可达 88.31%。此外，调整原料的相对比例可以提高产氢率，降低焦油含量。因此，通过加强焦油处理、优化催化剂选择、精确控制热解温度等手段，可以提高生物质热解重整的制氢潜力。

4.2.3　超临界水转化

超临界水转化制氢是指在超临界水（温度≥374.2℃，压力≥22.1MPa）的条件下，生物质原料发生催化裂解和蒸汽重整，生成富氢气体（包括 H_2、CH_4、CO、CO_2）的方法。在这种方法中，生物质的转化率可达到 100%，气体产物中氢的体积分数可超过 50%，反应不产生焦油等副产物。该制氢方法的反应方程式如下：

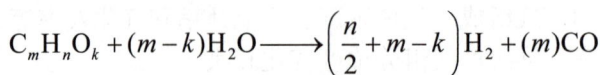

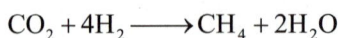

$$C_mH_nO_k + (m-k)H_2O \longrightarrow \left(\frac{n}{2} + m - k\right)H_2 + (m)CO$$

$$CO + H_2O \longrightarrow CO_2 + H_2$$

$$CO + 3H_2 \longrightarrow CH_4 + H_2O$$

$$CO_2 + 4H_2 \longrightarrow CH_4 + 2H_2O$$

已有研究表明，超临界水转化制氢效率受反应时间、温度和压力、生物质浓度、氧化剂浓度和催化剂种类等因素的影响。康康等探究了不同生物质的制氢效果差异，发现制氢效率由大到小的顺序为：油菜籽粕 > 麦秸 > 香蒲草。Nanda 等采用催化浸渍的方法对松木和麦秸进行预处理，然后进行超临界水转化制氢，结果表明，原料预处理后的产氢效果良好（总产气率、产氢率、碳转化率均有提高）。在超临界水转化制氢过程中，恰当的催化剂可显著提高中等温度下的气化效率和产氢率。常用的催化剂有 5 种：碱性催化剂、金属催化剂、金属氧化物催化剂、碳催化剂和矿石催化剂。其中，镍基催化剂成本低、催化活性高，目前的研究大多采用镍基催化剂，然而，大多数镍基催化剂在制氢过程中往往因为烧结和积炭而失活。

超临界水转化制氢是最有前途的制氢技术之一。这种制氢方法可以直接给湿物料进料，还具有反应效率高、产氢量高的特点，产品易于储存和运输。但其对设备的要求较高，将导致较高的投资和维护成本，因此商业化也存在一定的局限性。

4.2.4　小分子有机物催化重整

为加氢站供应 H_2 还涉及许多技术问题（如储氢、压缩和管道运输），因此可以先将生物质转化为小分子中间物质，然后这些小分子中间物质可以直接输送到每个加氢站，再对小分子中间物质进行重整制备 H_2。小分子有机物催化重整制氢技术可分为气相重整和水相重整，分类如图 4-6 所示。

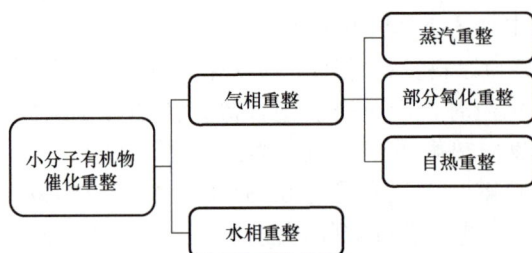

图 4-6　小分子有机物催化重整制氢分类

蒸汽重整反应是一个高度吸热的过程，因此需要外界加热。部分氧化重整反应通常在常压固定床管式反应器中进行，此反应可达 1000℃ 以上，使用金属催化剂通常可以将反应温度降低 300℃ 左右。自热重整一般在常压和 400 ~ 1200℃ 的温度下进行，该过程通常需要铜、镍等催化剂。由于铜具有较高的水煤气变换反应活性和较强的抗积炭能力，因此大多数研究使用铜作为催化剂。自热重整过程可以快速起动，不需额外加热即可连续运行。水相重整制氢适用于难以蒸发的生物质原料，可以在低温下进行，这有利于在没有水煤气变换装置的情况下实现水煤气的完全转化。

4.2.5 热化学转化的优点

生物质热化学转化技术具有以下优点：

1）大规模生产：生物质热化学转化是一种化学过程，可以进行大规模生产，规模化生产有助于提高经济效益。通过生物质的热化学转化，可以从再生能源中获取更多可用能源，从而提高可再生能源在能源领域的比例。

2）过程稳定：与生物转化过程相比，热化学过程不容易受到外界干扰，更容易控制。这降低了生产过程的复杂性和风险，不像微生物过程那样容易受到外部条件的干扰，使得操作更加稳定可靠。

目前，用于生物质热化学转化的反应器主要包括固定床和流化床两类，此两类设备广泛用于热化学转化生产。具体形式有上吸固定床、下吸固定床、交错固定床、快速流化床和循环流化床等。对于生物质气化而言，流化床具有产气含氢量高、产气热值高、生产规模大、气化介质灵活等特点，而固定床则具有规模小、成本低、设计和操作相对简单等特点。在选择反应器时，可以根据具体条件选择最适合的设备。

4.3 生物质制氢技术的发展潜力

在过去的几十年里，利用生物质的制氢技术得到了充分的发展，也证明了生物质制氢在经济和环境保护方面巨大潜力。近年来，全球制氢总量约为 7.2EJ/ 年，产品氢主要用于化工和石油工业。

为了从环境和经济的角度对生物质制氢方法进行比较，需要从能效、㶲效率、社会碳成本、全球增温潜势、酸化潜势等方面进行评价。能效（Energy Efficiency）是指在能源利用过程中，实际获得有用能量与总消耗的能量之间的比率，它衡量了能源利用的有效性。㶲效率（Exergy Efficiency）是可用能的效率。㶲或可用能是指在能源转换过程中实际可用于执行有用工作的能量。与能效不同，㶲效率考虑了能源转化过程中的熵损失和不可逆性，因此更全面地反映了系统的实际性能。㶲效率可以帮助评估能源系统的性能，找出能源浪费和损失，并指导改进措施，以提高系统的可持续性和能源利用效率。社会碳成本（Social Carbon Cost，SCC）是指与碳排放相关的社会经济成本。全球增温潜势（Global Warming Potential，GWP）是用于衡量不同温室气体对全球变暖潜在能力的指标，表示一种特定温室气体在一定时间积分范围内，与 CO_2 相比而得到的相对辐射影响值。酸化潜势（Acidification Potential，AP）是指污染物排放引起酸性降雨的能力，以硫酸盐为主要参照物，与生态系统、水和土壤中的污染物沉积势有关。

制氢方法比较见表 4-1，该表列出了不同制氢方法的能效、㶲效率、成本、SCC、GWP 和 AP 等情况。表中数值表示对上述情况的评分，它们经过了统一处理，所有数值大小都在 0 ~ 10，其中 0 代表性能差（高成本、高排放），10 代表理想（零成本、零排放、效率 100%）。

表 4-1　制氢方法比较

方法	能效	㶲效率	成本	SCC	GWP	AP
电解	5.30	2.50	7.34	3.33	3.33	8.86
热解	5.00	4.00	6.12	7.50	7.50	7.43
生物质气化	6.50	6.00	8.25	5.83	5.83	0.00
暗发酵	1.30	1.10	7.52	9.58	9.58	9.71
高温电解	2.90	2.60	5.54	7.92	7.92	8.57
煤气化	6.30	4.60	9.11	0.00	0.00	1.31
化石燃料重整	8.30	4.60	9.28	2.50	2.50	5.71
生物光解	1.40	1.30	7.27	7.50	7.50	9.71
光发酵	1.50	1.40	7.61	9.58	9.58	9.71
理想 （零排放、零成本、效率100%）	10.00	10.00	10.00	10.00	10.00	10.00

　　可以看出，化石燃料重整制氢能效最高，煤气化、生物质气化制氢也具有较高的能效，而生物制氢的能效都比较低。生物质气化制氢具有最高的㶲效率，而煤气化和化石燃料重整等制氢方法也都具有较高的㶲效率，而生物制氢的㶲效率还是比较低。表 4-1 列出的制氢方法中，高温电解制氢成本最高（数值越低代表成本越高），化石燃料重整和煤气化制氢由于技术成熟，成本最低。但是化石燃料重整制氢的社会碳成本（SCC）为零，碳排放量最大，对应的全球增温潜势（GWP）为零，而光发酵和暗发酵制氢过程的碳排放量最小。生物质气化制氢的酸化潜势（AP）为零，即引起酸雨的潜力最大。

　　因此，化石燃料制氢具有高能效和较高的㶲效率，但对环境、社会有较大的负面影响。与电解相关的制氢方法的能效和㶲效率相对较低，但对环境的影响也较低。生物质气化具有较高的能效和㶲效率，但是也会有一定的环境污染，而生物制氢方法对环境友好。总体来说，生物质制氢技术在经济效益和环境效益方面具有较大优势，未来有望展现出巨人的潜力。

第 5 章

其他制氢方法

5.1 风能制氢

5.1.1 风能

风能是由于地球表面大气流动而产生的动力能量。全球的风能约为 $2.74 \times 10^9 \text{MW}$，其中可利用的风能为 $2 \times 10^7 \text{MW}$，为地球上可开发利用的水能总量的 10 倍。风能资源受地形的影响较大，全球风能资源主要集中在沿海地区和广阔陆地的狭窄地带，如美国的加利福尼亚州海岸线和一些北欧国家等。我国幅员辽阔，风能资源丰富。根据中国气象局的资料，2022 年全国 10m 高度年平均风速较近 10 年平均值偏小 0.82%；70m 高度年平均风速约为 5.4m/s，年平均风功率密度约为 193.1W/m²；100m 高度年平均风速约为 5.7m/s，年平均风功率密度约为 227.4W/m²。从空间分布来看，内蒙古中东部、黑龙江东部、河北北部、山西北部、新疆北部和东部、青藏高原和云贵高原的山脊地区、东南沿海等地风能资源丰富。

5.1.2 风能制氢技术

风能制氢是一种能将风能转化为电能，然后通过电解水设备将水电解产生 H_2 的技术。随后，将所产生的 H_2 输送到 H_2 终端应用领域，从而实现从风能到氢能的能源转换。根据风力电源是否接入电网，可以将风能电解水制氢技术分为并网型风能制氢和离网型风能制氢两种主要类型。并网型风能制氢是将风电机组接入电网，从电网取电的制氢方式，它主要用于处理大规模风电场中的风电弃能问题以及实现能量储存。离网型风能制氢是不经过电网，直接将单台或多台风力发电机产生的电能用于电解水制氢，它主要用于分布式制氢。

风能制氢技术主要涉及电解水制氢和 H_2 输运两大关键技术，包括风力发电机及电网、电解水制氢系统、H_2 储存系统和 H_2 输送系统等关键技术模块。根据风场风力发电的拓扑结构，按照控制需求从电网处取电，经过 AC/DC 模块（由电网供电）把交流电转换成直流电，并将合适的电能供给电解槽制氢。所制备的 H_2，可以由压缩机充灌到 20MPa 的长管拖车进行公路运输，或者以一定的浓度掺入天然气中，通过管道进行输送。风能制氢系统示意图如图 5-1 所示。

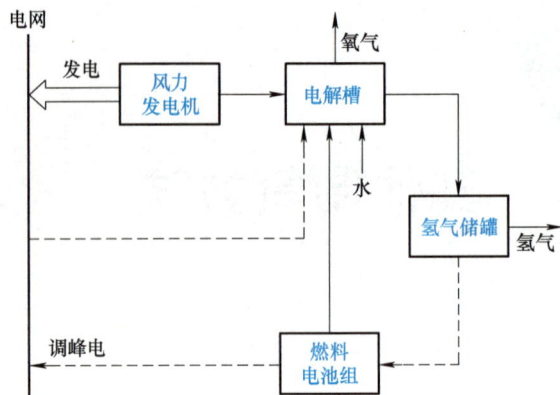

图 5-1　风能制氢系统示意图

5.1.3　技术要求

从技术角度来看，因为风能具有随机性、不稳定性、波动性较大的特点，因此对风能制氢系统中的风力发电机、电解水制氢系统、风电场能量控制系统都有着较高的要求。

1. 风力发电机

风力发电机不仅需将电能通过逆变器装置输入电网，也需要供电给电解槽以处理弃风。因此，风力发电机需要具备很强的抗风波动能力，以确保高度适应性。

2. 电解水制氢系统

电解水制氢系统必须具备在不稳定的电能供应下安全、可靠和高效地制备 H_2 的能力，即高适应性。同时，电解水制氢技术的高效性、环保性、成本效益以及技术成熟度也至关重要。当前质子交换膜电解、碱性电解和固体氧化物电解是电解水制氢的主要技术，这 3 种制氢技术在制氢性能上表现各异。

从适应性来看，质子交换膜电解技术与风电相耦合，表现出较好的适应性，非常适用于风能制氢系统。而碱性电解技术需要进一步研究以确定其与风能制氢系统的适应性。就制氢效率而言，碱性电解技术的能效最低，质子交换膜电解和固体氧化物电解两种方法制氢的能效较高，但是质子交换膜电解的制氢能力受限于每小时几十标准立方米，而固体氧化物电解制氢技术目前仍处于探索阶段。从环保角度考虑，碱性电解使用腐蚀性电解质作为电解质，会对环境造成污染，相比之下，另外两种电解技术更为环保。从成本和技术成熟度来看，碱性电解技术相对最为成熟、成本最低，适用于大规模的风能制氢系统。此外，碱性电解和质子交换膜电解技术的动态响应时间较短，适用于风能制氢系统，而固体氧化物电解技术的动态响应时间比较长，目前并不适合大规模风能制氢。因此，我国风能制氢主要采用碱性电解制氢技术。

3. 风电场能量控制系统

风电场能量控制系统主要包括以下内容：

1）风电场能量的控制，根据电网调度和制氢及燃料电池发电系统的需求，对风力发电场的发电功率进行控制，以实现电力产出与负荷平衡。

2）风电场电压控制，根据风力发电场的运行模式，协调无功补偿设备和风力发电机组等来确保风力发电场的输出电压稳定。

3）风电直接制氢系统的控制，根据电网需求和风能等因素，对电解槽、燃料电池等装置进行起动、停止和功率控制，以确保能源的有效利用。

5.2　太阳能制氢

5.2.1　太阳能

太阳能是由发生在太阳核心的核聚变反应产生的。氢原子的质子猛烈碰撞并融合形成氦原子，释放出巨大的能量，此过程被称为质子－质子链式反应。在太阳的核心，每秒钟将大约 6 亿 t 氢聚变成氦，并将 400 万 t 物质转化为能量。太阳能以可见光、紫外线和红外线等形式不断流向太阳系各处。

太阳能是地球最重要的能量来源，温暖地球，维持植物和动物的生命。广义的太阳能不仅限于太阳辐射，还包括太阳在多个方面间接产生的能量，包含生物质能、风能、海洋能、水能等可再生能源。例如，在白天，陆地受到太阳直接照射，吸收太阳辐射并迅速升温，导致地表温度升高。由于陆地上的温度较高，空气也会变热并上升，形成所谓的热气流。此时，冷空气从海洋（通常温度较低）流向陆地，填补了上升的热空气，形成了海洋到陆地的风。在晚上，太阳下山后，陆地的温度下降得比海洋更快，导致陆地表面温度低于海洋的。在这个时候，陆地上的空气冷却并下沉，形成所谓的冷气流。这时，风向会相反，冷空气从陆地吹向海洋，形成了从陆地到海洋的风。

水力发电是太阳能间接应用的另一个例子。太阳辐射使得水从海洋、湖泊和江河蒸发，水蒸气升至大气中形成云，随后，水蒸气凝结，以雨、雪、冰雹或露的形式降落。一部分降水流入溪流、江河、湖泊和海洋，还有一部分降水则渗入地下，形成地下水。在过去，人们通过引导快速流动的溪流或江河经过水车，来利用水力能。现代则兴建高大的水坝，积蓄大量水，然后通过驱动巨大的涡轮发电机来发电。

狭义的太阳能是指太阳的辐射能量，主要有太阳能光热、太阳能光伏和太阳能光化学 3 种利用方式。太阳能光热利用是通过集热器将太阳辐射捕获并转化为热能，然后通过介质的传递，以直接或间接的方式为人类生活生产提供能量，如太阳能热水器、太阳能光热发电站等。太阳能光伏利用是基于半导体材料的光电效应，通过光电转换装置将太阳能转换成电能进行利用，如光伏电站。太阳能光化学利用则是利用太阳能进行化学反应，将光能转化为化学能。

地球上的太阳能资源分布受到纬度、海拔、地貌和气候等条件的影响。总体来说，美国西南部、非洲、澳大利亚、我国西藏、中东等地被认为是全球太阳能资源最丰富的地方，而南北两极地区则是太阳能资源相对匮乏的区域。我国太阳能总辐射资源丰富，总体呈"高原大于平原、西部干燥区大于东部湿润区"的分布特点。其中，青藏高原最为丰富，年总辐射量超过 1800kW·h/m²，部分地区甚至超过 2000kW·h/m²；四川盆地资源相对较低，存在低于 1000kW·h/m² 的区域。

太阳能的利用受到时间和地理的限制，太阳能的利用仅限于白天和天气晴朗的时段，而且只有在有足够阳光的地方，才能有效利用太阳能资源。因此，需要一种能量存储系统，用于在太阳能产生和消费之间充当媒介。与传统电池相比，以氢的形式储存太阳能更可靠和高效，因此是更优的选择。太阳能与氢能的联合应用称为太阳－氢能系统。在这一系统中，可以根据特定的时间和地点条件，采用最有效的方式生产、储存和利用氢。

5.2.2 太阳能制氢的方法

太阳能制氢技术大致可分为光催化分解水（Photocatalytic Water Splitting）制氢、光电化学分解水（Photoelectrochemical Water Splitting）制氢、光伏－电化学分解水（Photovoltaic-electrochemical Water Splitting）制氢、太阳能热化学分解水（Solar Thermochemical Water Splitting）制氢、化石燃料光热催化制氢和光生物制氢等。上述大多数制氢方法目前还处在实验室研究阶段，与实际应用还有较大距离。

1. 光催化分解水制氢

光催化分解水制氢是在温和条件下仅利用光和微粒半导体将水分解成 H_2 和 O_2 的技术。光催化分解水制氢示意图如图 5-2 所示。

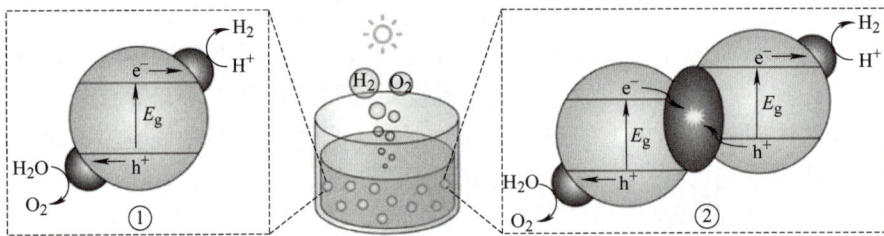

图 5-2　光催化分解水制氢示意图

当入射光子的能量 E_g 大于半导体带隙时，价带上电子 e^- 受光激发跃迁至导带上，空穴 h^+ 则留在价带上，然后扩散到半导体表面。电子和空穴分别驱动还原和氧化反应，即析氢反应和析氧反应（如图 5-2 中①所示）。由于热力学限制，光催化分解水制氢要求半导体光的导带底能级比质子还原电位（H^+/H_2，0V vs NHE，pH=0）更负，电子可以将 H^+ 还原为 H_2；半导体的价带顶能级应该比水的氧化电位（H_2O/O_2，1.23V vs NHE，pH=0）更正，价带空穴可将 H_2O 氧化为 O_2。此外，半导体的还原性分解电位应该小于质子还原电位（H^+/H_2 电位），以及氧化性分解电位应该高于水的氧化电位（H_2O/O_2 电位）。这有助于防止人们不希望的分解反应发生，从而延长半导体光催化剂的寿命和提高光催化水分解制氢的效率，但这也极大地限制了材料的选择。

为了克服这些限制，受自然光合作用的启发，人们开发了光催化分解水制氢的 Z 方案系统（Z-scheme），它采用两种类型的半导体光催化剂，使 H_2 和 O_2 在不同的半导体上分别产生（如图 5-2 中②所示）。在这种情况下，虽然半导体不能同时产生 H_2 和 O_2，但只要能够从水中产生 H_2 或 O_2，就可以在该系统中使用。因此，Z 方案系统扩大了半导体材料的选择范围。

2. 光电化学分解水制氢

典型的光电化学分解水制氢系统由用于析氧反应的 n 型半导体光阳极或用于析氢反应的 p 型半导体光阴极和用于另一个半反应的对电极组成。由于通常需要施加外部电势来促进氧化还原反应,光阳极和光阴极的导带底和价带顶不需要同时跨越 H^+/H_2 和 H_2O/O_2 电位,类似于光催化分解水的 Z 方案系统,只要光阳极的价带顶高于水氧化电位或者光阴极的导带底小于水还原电位。

以基于光阳极的光电化学分解水制氢系统(如图 5-3a 所示),在光照射下,光阳极中产生电子和空穴。电子通过外部电路转移到对电极驱动析氢反应,而空穴迁移到光阳极表面驱动析氧反应。将光阳极和光阴极联合可以构建串联光电化学反应池(如图 5-3b 所示),利用自发的光电化学反应实现水的分解,减少或者不需要外部电势,从而提高了光电化学分解水制氢的效率。

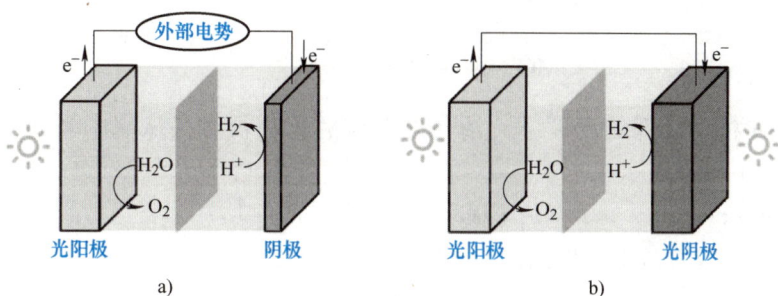

图 5-3　光电化学分解水制氢示意图

3. 光伏 – 电化学分解水制氢

光伏 – 电化学分解水制氢系统由光伏电池和电解槽两个独立的部分组成,如图 5-4 所示。光伏电池吸收太阳能发电供给电解槽,在阴极和阳极将水分别分解成 H_2 和 O_2。

光伏电池直接将太阳能转换为电能,是光伏发电系统中的基本单元。光伏电池由半导体制成,分为晶硅电池和非晶硅电池。晶硅电池是第一代光伏电池,在太阳能行业中占据主导地位,并随着技术发展不断提高能效。第二代、第三代光伏电池技术也在不断发展,包括非晶硅太阳能电池、薄膜太阳能电池、有机太阳能电池、钙钛矿太阳能电池等。

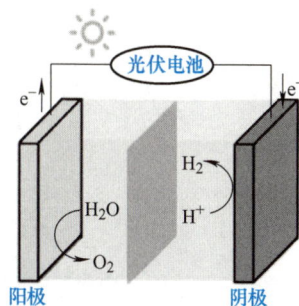

图 5-4　光伏 – 电化学分解水制氢示意图

使用光伏电池与低温电解槽相结合,是目前在电解和太阳能领域开发的最经济实惠的太阳能制氢工艺之一。光伏电池与电化学分解水相结合制氢始于 20 世纪 70 年代初。光伏电池和电化学分解水技术都已成熟,并已实现商业化,这是光伏 – 电化学分解水制氢相对于光催化分解水制氢和光电化学分解水制氢的主要优势。目前,商用光伏电池效率一般大于 18%,电解槽效率在 60% ~ 83%,因此光伏 – 电化学分解水制氢效率大于 10% 是容易实现的。研究表明,如果光伏系统和电解槽的效率分别约为 20% 和 80%,则基于光伏 – 电化学分解方式的太阳能制氢工厂的效率将在 16% 左右;如果光伏系统的效率为 20%,电解槽的效率为

$70\% \sim 75\%$，则基于商用硅基光伏电池的太阳能制氢效率为 $8\% \sim 14\%$。可以看出，光伏－电化学分解水制氢系统的效率主要受到光伏电池效率的牵制。尽管光伏电解制氢并非高效率、低成本的技术，但这种方法具备环保特性，运行过程中不排放温室气体，不产生噪声污染，也不牵涉移动部件，因此维护简单。

4. 太阳能热化学分解水制氢

太阳能热化学分解水制氢技术将太阳能转化为热能，通过一系列连续的化学反应，在高温下将水分解成 H_2 和 O_2。太阳能热化学分解水制氢技术通常分为两步循环和多步循环两大类。两步循环的操作过程更容易，但需要高温（$1300 \sim 1800℃$）才能进行反应。相比之下，多步循环在相对较低的温度（$<1000℃$）下就能实现可操作性，但代价是系统更复杂。基于金属氧化物的两步循环的太阳能热化学分解水制氢反应过程如图 5-5 所示。第一步，在高温条件下，金属氧化物被还原形成活化的（还原的）金属氧化物和 O_2，过程如下：

$$\text{还原（吸热）：} \qquad MO_x \longrightarrow MO_{x-1} + \frac{1}{2}O_2 \uparrow$$

第二步，在相对较低的温度下，活化的金属氧化物很容易从水中剥离 O 原子，同时产生 H_2，过程如下：

$$\text{氧化（放热）：} \qquad MO_{x-1} + H_2O \longrightarrow MO_x + H_2 \uparrow$$

整个循环过程仅释放 H_2 和 O_2，太阳能和水是过程输入：

$$\text{净水分解：} \qquad H_2O \longrightarrow H_2 \uparrow + \frac{1}{2}O_2 \uparrow$$

金属氧化物可以在循环系统中反复循环。此外，由于 H_2 和 O_2 是在不同的步骤中产生的，因此很容易收集到高纯度的 H_2，从而避免了对高温气体进行分离的操作。

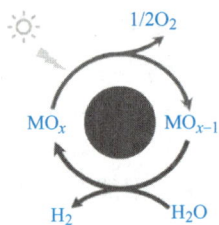

图 5-5 基于金属氧化物的两步循环的太阳能热化学分解水制氢反应过程

5. 化石燃料光热催化制氢

化石燃料光热催化制氢主要基于等离激元的金属纳米结构（Plasmonic Metal Nanostructures）或半导体催化剂。如图 5-6 所示，在阳光照射下，金属纳米结构上局部表面等离子体共振激发热载流子。这些高能载流子可以重新组合，诱导局部加热，或者与吸附在催化剂表面的反应物相互作用，将能量转移到表面吸收的反应物中。诱导的局部加热可以将催化剂加热到一定温度，在金属／反应物界面处，高能载流子与反应物之间的相互作用有利于化学键的活化，两者都能协同加速表面催化化学反应，活性高于单纯的热催化反应。由于同时利用了太阳能的光和热特性，化石燃料光热催化对 CH_4 的蒸汽重整、CH_4 的干重整、水煤气变换等反应非常有吸引力。

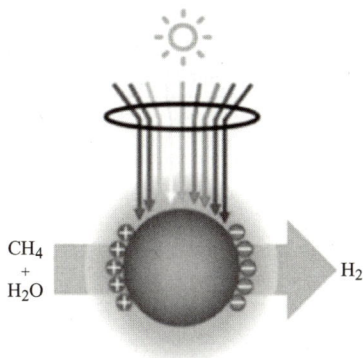

图 5-6　化石燃料光热催化制氢示意图

6. 光生物制氢

光生物制氢是一种环境友好型技术，其通过微生物在阳光照射下将水和生物质淀粉等有机物转化为 H_2。光生物制氢主要包括微生物水光解和光发酵两大类。

5.2.3　太阳能制氢的特点

表 5-1 为太阳能制氢方法对比，它列出了太阳能制氢方法的主要优势和面临的关键挑战。光催化分解水制氢和光生物制氢两种方法清洁、可持续性强，但目前效率比较低。光电化学分解水制氢和光伏－电化学分解水制氢方法的效率相对较高，但是成本很高。太阳能热化学分解水制氢和光热催化甲烷重整制氢有望带来低成本、高效率的 H_2 生产，但太阳能热化学分解水制氢技术面临着反应物耐久性等问题，光热催化甲烷重整制氢技术会导致大量 CO_2 排放。此外，所有方法都面临的难题是间歇性运行，这是由日出和日落引起的，对系统的耐用性和可靠性产生不利影响。因此，尽管太阳能制氢技术近来取得了实质性进展，但这些技术都还没有实现大规模工业化生产。太阳能转换效率低、技术问题和环境影响共同导致太阳能制氢生产成本高，与化石燃料制氢生产工艺相比，它们在经济上缺乏竞争力。尽管如此，随着世界范围内限制温室气体排放的压力增加，加上效率和技术的提高，大规模太阳能生产 H_2 在技术上是可行的，在经济上也是可行的，并具有显著的环境效益。

表 5-1　太阳能制氢方法对比

太阳能制氢方法	主要优势	面临的关键挑战
光催化分解水	太阳能制氢的最理想方法 简单 清洁且可持续	光能转换效率低 稳定性差 需要气体分离（H_2 和 O_2）
光电化学分解水	效率高 对环境影响小	成本高 系统复杂 稳定性差
光伏－电化学分解水	技术成熟，可商业化 易于规模化 效率高 寿命长	成本高 系统复杂 光伏电池制造对环境影响大

（续）

太阳能制氢方法	主要优势	面临的关键挑战
太阳能热化学分解水	效率高 成本相对较低 可靠	需要太阳能集热器 要求材料耐酸、耐热 高效可靠的反应器设计
光热催化甲烷重整制氢	技术可行（基于目前制氢主流工艺甲烷蒸汽重整） 转化效率高（>80%） H_2纯度高（>99.95%，体积分数） 缓解催化剂失活	运行和维护成本高 CO_2排放量大
光生物制氢	光强要求低、光谱范围宽 利用废弃物中提取的有机物 清洁且可持续	光能转换效率低 需要厌氧光生物反应器 成本高

5.3 氨裂解制氢

过去几十年，金属催化氨裂解制氢的研究取得了显著进展。氨首先吸附在金属活性位上，然后氨分子上的 3 个 N—H 键相继断裂释放出 H 原子，最后吸附在金属表面的 H 原子和 N 原子再分别复合脱附生成 H_2 和 N_2。低温低压下，钌（Ru）被认为是氨裂解制氢活性最高的金属，但钌资源稀缺且价格昂贵，工业应用受到了限制。与 Ru 基催化剂相比，基于ⅧB 系金属（Fe、Co 和 Ni）的催化剂更具有经济性，通过调整载体特性、改进复合材料的结构等方法可以提高氨裂解的转化效率。氨裂解制氢方法的生成气中有 1/4 的 N_2，要进一步分离提纯 H_2。

我国首座商业化分布式氨制氢加氢一体站——广西石油南宁振兴加能站已在广西南宁建成并成功试投产。该一体站的分布式氨制氢成套技术，每日能生产出 500kg 纯度达 99.999%（体积分数）的高纯 H_2，制氢规模在同类型设施中居于领先地位。

5.4 工业副产氢的回收

工业副产氢回收是指将富含 H_2 的工业尾气作为原料，主要采用变压吸附法，回收提纯制氢。工业副产氢的主要来源有氯碱工业副产气、焦炉气和轻烃裂解副产气等。

氯碱工业生产以食盐水为原料，采用离子膜或石棉隔膜电解槽生产烧碱和氯气等产品，同时可以得到副产品 H_2。我国氯碱厂大多采用变压吸附技术获得高纯度 H_2 后用于生产下游产品。我国的氯碱工业每年副产 H_2 总量可达 75 万～87 万 t，其中 60%（质量分数）的 H_2 被配套的聚氯乙烯装置和盐酸装置所利用，剩余的 H_2 前大部分被排放处理，只有少数企业利用 H_2 锅炉进行氢能回收。因此，如果能够回收和提纯这部分 H_2，然后将其供应给燃料电池车辆作为燃料，将是一种有潜力的氢能利用途径。

焦炉气是一种复杂的混合气体，在不同的炼焦比例和工艺操作条件下，其组分会发生变化。主要成分包括 H_2、CH_4、少量的 CO 和 CO_2、C_2 以上的不饱和烃、O_2、N_2，还包含微量的苯、焦油、萘、H_2S 和有机硫等杂质。通常情况下，焦炉气中的 H_2 含量高达

50% ～ 60%（体积分数），可以通过直接净化、分离和提纯来生产 H_2，也可以将焦炉气中的 CH_4 进行转化和变换，再提取 H_2，以获得最高品质的 H_2 产品。我国是世界上最大的焦炭生产国，每年焦炉气的产生量巨大，如能采取适当的措施将 H_2 分离回收，每年可得到数百亿立方米的 H_2，可替代数千万吨汽油。这是一项不容忽视的资源，应设法加以回收利用。

5.5 等离子体驱动电解制氢

近年来，一种新型的电解方法——等离子体驱动电解（Plasma-driven Solution Electrolysis）制氢受到了人们的关注。等离子体驱动电解制氢是一种非典型的电化学过程，通过辉光放电、电晕放电、射频放电、火花放电、微波放电方式可以在电解溶液中形成等离子体，传质效率高，所以制氢效果好，H_2 产量大。有研究表明，采用脉冲火花液相放电制氢可实现产氢量 1500mL/min，制氢每立方米能耗为 0.48kW·h。与传统制氢技术相比，等离子体驱动电解制氢在快速反应的小型车载或船载应用具有良好的应用前景。

5.6 制氢技术总结

在我国和世界范围内，由于存在资源分布不均匀的现象，人们在探索各种不同的制造 H_2 的方法来满足不同地区、不同情况的需要。制氢技术多种多样，各有优缺点，但都面临着技术、经济、环境等方面的挑战。

截至 2022 年，我国已经成为全球最大的制氢国，H_2 产量约为 3300 万 t/ 年，但主要由化石能源制氢和工业副产氢构成，煤制氢和天然气制氢占比近八成，氯碱、焦炉气、丙烷脱氢等工业副产氢占比约两成，可再生能源制氢规模还很小。从全球制氢结构来看，化石能源也是最主要的制氢方式。化石能源制氢虽然具有技术成熟、成本低等优势，但存在碳排放巨大、资源有限等问题，在实现"双碳"目标进程中将逐渐被淘汰。

现阶段可再生能源制氢虽然体量不大，但发展态势良好。随着全球范围内环境法规的日益严格及社会对洁净的氢能源关注的不断加深，H_2 需求将稳步增长。未来制氢技术的发展前景光明，越来越多的研究和创新将推动制氢的进步，使其更加高效、环保和可持续，以满足能源需求、减少碳排放和推动氢经济的发展。

第6章

H₂ 的纯化

根据前面章节介绍的制氢方法可以了解到，当前主要应用的制氢方法有：水制氢、化石能源制氢、生物质制氢以及其他方法。除实验室中常用的电解水制氢所得的 H_2 纯度极高以外，其他方法制得的 H_2 中都会掺杂有各种杂质气体，但电解制氢法成本较高，不利于规模化生产，因此目前工业上制取 H_2 主要还是通过其他途径得到。然而，石油化学工业的高级油料生产，电子工业的半导体器件制造，金属工业的金属处理，玻璃、陶瓷工业的光纤维实现、功能陶瓷的生产，电力工业的大型发电机冷却系统运行等，都需要大量氢。特别是化学工业、半导体、光纤维等领域近年来对于高纯度 H_2 的需求增加，使得 H_2 的纯化日益得到人们的重视。这就要求对工业生产的 H_2 进行分离提纯，使其达到使用标准，相比于直接制备高纯度 H_2，H_2 的纯化能大幅降低获取高纯度 H_2 的成本，利于产业化发展。

光催化、光电催化等新型制氢技术还未达到大规模工业化应用的需求，需要加强基础研究。工业副产氢资源丰富，可发展空间大，其核心在于气体分离纯化技术的发展与配套设施的完善。

中国工程院院士提出了利用镁为原料进行储氢。以镁为原料制成的储氢材料只接受 H_2，从而在吸收释放 H_2 的过程中事实上达到了净化储氢的目的，其释放出的 H_2 纯度可达 99.999%（体积分数），基本不含杂质气体。这样可以实现直接充装工业副产氢的同时纯化 H_2，使 H_2 储运的成本降低 40% 左右。

6.1 H₂ 中的杂质

由于自然界中没有纯净的 H_2，氢元素总是以其化合物如水、碳氢化合物或与其他物质混合的形式存在，因此在制备 H_2 时就不可避免地带有杂质。

1. 水电解制氢的杂质

目前常用的碱性水电解制氢法获得的 H_2 产物中，常见的杂质气体是水蒸气和 O_2，通常占比为 1% 左右，即使采用聚合物薄膜电解槽技术，仍然会有氧杂质。如果要获得高纯氢，还需要进一步纯化。

2. 重油裂解制氢的杂质

重油催化裂化炼厂干气的组成比较复杂，除主要成分 H_2 外，还含有一定量的 N_2、O_2、CO、CO_2、CH_4、C_2H_4、C_2H_6、C_5 等烃类组分。例如，某工厂的重油催化裂化炼厂干气的组成见表 6-1。

表 6-1　某工厂的重油催化裂化炼厂干气的组成

主要气体 （%，体积分数）	H_2	47.44
	O_2	1.328
	N_2	8.573
	CH_4	17.199
	C_2H_4	7.907
	C_2H_6	9.361
	C_3H_8	0.509
	C_3H_6	3.524
	$i_2-C_4H_8$	0.750
	$n_2-C_4H_{10}$	0.367
	$n_2-C_4H_8+i_2-C_4H_8$	1.917
	C_5H_{12}	0.089
主要气体杂质 / （ mg/m³ ）	CO	1.035
	CO_2	0.010
总硫 （%，体积分数）	H_2S	0.53
	硫醇	0.14
	二硫化物	<0.02

注："i" 表示异构体，例如 $i_2-C_4H_8$ 为异丁烯；"n" 表示正构体，例如 $n_2-C_4H_{10}$ 为正丁烷；下角标表示同类组分中的编号或顺序。

3. 煤制氢中的杂质

以不同品种的煤为原料制得的氢中的杂质组成与含量不同。煤制氢与石油类原料制氢的最大区别是其中含有多种杂环类化合物。某单位的焦炉煤气的主要组成见表 6-2。

表 6-2　某单位的焦炉煤气的主要组成

气体	含量（%，体积分数）
H_2	55.60
CH_4	24.35
CO_2	2.14
CO	6.26
N_2	8.75
O_2	0.56
C_nH_m	2.34

注：此处 C_nH_m 是指 $C_2 \sim C_5$ 的饱和烃和不饱和烃。

总体来看，无论用哪种方法制氢，都含有不同程度的杂质。

6.2 纯化氢的原因

工业是技术创新的主战场，是创新活动最活跃、创新成果最丰富、创新应用最集中、创新溢出效果最强的领域。在现代工业中，氢的用处很广，各行业对氢的品质要求各不一样，这就要求对氢进行不同程度的纯化。下面分别叙述。

6.2.1 能源工业的要求

1. 燃料电池的要求

燃料电池对氢原料的纯度有一定的要求，特别是在低温环境工作的燃料电池对氢的要求很高。工作环境为200℃的磷酸燃料电池（PAFC）所使用的氢原料中可允许的CO杂质含量为1%（体积分数），而工作环境为80℃的质子交换膜燃料电池（PEMFC）使用的氢原料要求CO和SO_2的含量控制在10^{-6}级水平。

2. 石油加工的要求

H_2是现代炼油工业和化学工业的基本原料之一。由原油蒸馏或裂解所得馏分需采用加氢精制才能得到优质产品。石油精制工业中，高纯度的H_2主要用于加氢脱硫。在石油化工工业领域，H_2主要用于C_3馏分加氢、汽油加氢、$C_6 \sim C_8$馏分加氢脱烷基、生产环己烷等。上述石油加工过程中，需利用催化剂加快石油精制、炼化的速度，实现石油的深度转化，如使用的H_2中含有能使催化剂中毒的物质（如O_2、H_2S等），或惰性物质（如CH_4、N_2、烃类等，在常温常压下表现出惰性），会使催化剂活性下降，因此该过程要求使用的H_2纯度达到99.99%以上。表6-3列出了炼制工业和石油化工领域中各加工过程的氢耗量。

表 6-3　炼制工业和石油化工领域中各加工过程的氢耗量

加氢精制类型		氢耗量 /（L/L）	加氢精制类型		氢耗量 /（L/L）
炼制工业	石脑油加氢脱硫	12	石油工业	C_3馏分加氢	25
	粗柴油加氢脱硫	15		汽油加氢	35
	改善飞机燃料的无烟火焰高度	45		$C_6 \sim C_8$馏分加氢脱烷基	350
	燃料油加氢脱硫	12.5		生产环己烷	800
	加氢裂变	$150 \sim 400$			

6.2.2 现代制造工业的要求

1）在金属冶炼工业中，氢常作为还原剂用于金属氧化物的还原，也被用作金属高温加工时的保护气氛。例如，一些特殊用途的钨、钼、钛必须采用H_2还原金属氧化物的工艺制得；薄钢板、带钢条、硅钢片等的生产轧制，以及特种焊接、粉末冶金材料的生产等领域广泛使用氢作为保护气。

2）在玻璃行业中，需将锡槽密封并持续输送保护气体（氮氢混合气），维持锡槽内微正压与还原气氛，从而保护锡液不被氧化。保护气体中，氢含量为 2% ~ 8%，且 H_2 的纯度要求达到 99.999%（体积分数）。

3）在电子工业中，多晶硅的制备与外延需要用到纯度极高的 H_2，当硅与 HCl 生成 $SiHCl_3$ 后，需使用分馏工艺分离，并在高温下用高纯度的 H_2 还原，以达到半导体要求的纯度。光导纤维有着广泛的应用，其主要类型石英玻璃光导纤维使用氢氧焰加热，要经数十次沉积制造，这项工艺对 H_2 纯度和洁净度都有很高的要求。另外，在非晶硅太阳电池的制造过程中，也需用到纯度很高的 H_2。

4）在食品加工工业中，H_2 常用于植物油氢化工艺。大部分天然食用油具有不饱和性，经氢化处理后，可以更稳定地储存，提高产品的黏度，并有利于产品的稳定贮存。这项工艺中使用的 H_2，纯度要求很高，需严格提纯检验后才能使用。食用油经加氢工艺得到的产品可加工成人造奶油和食用蛋白质等，非食用油经加氢工艺得到的产品可用于生产肥皂和畜牧业饲料。

6.3　氢的纯化方法

随着高纯氢的应用越来越广泛，针对 H_2 分离和纯化技术的研究也逐渐深入。H_2 纯化方法主要可分为物理法、化学法、膜分离法三大类。其中，物理法主要是低温分离法和变压吸附（PSA）法；化学法常用的有金属氢化物分离法和催化纯化法；膜分离法包括金属膜扩散法和聚合物薄膜扩散法。各种 H_2 纯化技术都有其适用的条件与优缺点，对常见的 H_2 提纯方法从 H_2 纯度、回收率、适用规模等特点归纳，得部分氢纯化方法的比较，见表 6-4。

从适用规模来看，现有的 H_2 纯化方法可以基本覆盖从实验室小规模制备到工业大规模生产。从应用难度和经济性考虑，催化纯化法能够达到从小规模到大规模的生产要求；低温分离法和变压吸附法常用于大规模的工业生产；金属氢化物分离法和聚合物薄膜扩散法目前只适用于小到中规模的制备。

表 6-4　部分氢纯化方法的比较

方法	原理	典型原料气	H₂ 纯度（%，体积分数）	回收率（%，体积分数）	适用规模	备注	纯化方法
催化纯化法	与 H_2 进行催化反应除去氧	含氧的 H_2 流	99.999	99	小至大规模	一般用于提高电解制氢法 H_2 的纯度，有机物、含有 Al、Hg、C 和 S 的化合物，能使催化剂中毒	化学法
聚合物薄膜扩散法	气体通过渗透薄膜的扩散速率不同	炼油厂废气和氨吹扫气	92 ~ 98	85	小至大规模	He、CO_2 和 H_2O 也可能渗透过薄膜	膜分离法
金属氢化物分离法	氢同金属生成金属氢化物的可逆反应	氨吹扫气	>99.9999	75 ~ 95	小至中规模	O、N、CO 和 S 使氢吸附中毒	化学法

（续）

方法	原理	典型原料气	H₂纯度（%，体积分数）	回收率（%，体积分数）	适用规模	备注	纯化方法
低温吸附法	液氮温度下吸附剂对氢源中杂质的选择吸附	氢含量为99.5%的工业氢	>99.9999	约95	小至中规模	先采用冷凝干燥除水，再经催化脱氧	物理法
低温分离法	低温条件下，气体混合物中部分气体冷凝	石油化工和炼油厂废气	90～98	95	大规模	为除去CO_2、H_2S和H_2O，需要预先纯化	物理法
变压吸附法	选择性吸附气流中的杂质	任何富氢原料气	>99.9990	70～85	大规模	清洗过程中损失H_2，回收率低	物理法
无机物薄膜扩散法	氢通过钯合金薄膜的选择性扩散	任何含氢气体	>99.9999	99	小至中规模	硫化物和不饱和烃可降低渗透性	膜分离法

6.3.1 氢的实验室纯化方法

1. 实验室催化纯化

实验室催化纯化法通过过氧化作用或 CH_4 作用，使气体中的 O 与 H 生成 H_2O 或 CO，从而去除 H_2 中的氧，这种方法主要用于实验室电解制氢产物的纯化，进一步提高产物中 H_2 的纯度。

2. 实验室膜分离法

（1）H_2 膜分离法的基本原理　H_2 膜分离法的基本原理是根据混合气体中不同组分在压力的驱动下具有不同的透过膜的传递速率，传递速率低的组分会被留在原料侧，传递速率高的会富集在透过侧。气体分子透过分离膜的传递过程较为复杂，往往是一种或多种机理共同作用的结果。目前常见的 H_2 膜分离法的基本原理主要是微孔扩散机理、溶解 - 扩散机理两种。

1）微孔扩散机理：气体分子在多孔介质中的传递机理涉及黏性流动、努森扩散、表面扩散、溶解扩散、分子筛分、毛细管凝聚、促进传递等。由于多孔介质的孔径及内孔表面性质存在差异，气体分子与多孔介质之间的相互作用程度不同，导致其传递特征存在差异。

在实际使用中，混合气体通过多孔膜的传递过程应以分子流为主，多孔膜的微孔径应小于混合气体中各组分的平均自由程，一般要求其孔径尺寸为（50～300）×10^{-10}m，同时应满足温度、压力等环境要求。高温、低压的环境可提高气体分子的平均自由程，同时能使表面流动和吸附现象不易发生。

2）溶解 - 扩散机理：非多孔膜一般是基于溶解 - 扩散机理实现不同组分的分离。在这种情况下，分离膜对混合气体中的某一特殊组分溶解度较高，对其他组分溶解度较低。气体透过膜的过程可分为3步：首先，气体在扩散上游与选择性膜接触，吸着在膜表面；然后其分子在膜扩散上下游的浓度梯度的作用下向下游扩散，到达膜的另一侧；最后，在膜下游侧表面解吸。

一般来说，膜扩散上下游的吸着和解吸过程都能较快地达到平衡，而气体在膜内渗透扩散的过程较慢。由于膜分离法不易发生相变，分离系数大，可在常温下有效进行，因此相比其他方法较为节能、高效。

（2）气体分离膜材料　气体膜分离技术的核心是膜，其性能主要取决于材料和成膜工艺。气体分离膜材料可分为金属膜、无机多孔膜、有机聚合物膜、金属 - 有机框架膜等。目前，有关膜组件及装置的研究逐渐完善，但分离膜仍有很大的发展潜力，未来的研究与发展方向是降低分离膜成本，使其更适于工业化生产，以及研发性能更优异的分离膜材料。

3. 实验室金属氢化物法

20 世纪 80 年代以来，世界各国都投入大量资源展开储氢材料的研究，其中以储氢合金最受重视。金属氢化物法处理氢的量较小，适用于实验室规模的 H₂ 纯化。

金属氢化物法基于储氢合金与氢选择性反应生成金属氢化物的原理。当含氢的混合气体与储氢合金接触时，只有氢能与其发生氢化反应，再经过催化放氢过程就能得到纯度较高的 H₂。相关研究表明，将氢氧混合气接触 $MnNi_{4.5}Al_{0.5}$，H₂ 可与该材料发生氢化反应，O₂ 则不会参与反应，当从氢化物释放 H₂ 后，其未检测出其他气体杂质。

目前，比较有实用前景的储氢合金有稀土系（LaNi）、钛系（TiFe）、锆系（$ZrMn_2$）、镁系（Mg_2Ni）等，用于 H₂ 纯化时，它们对不同的杂质气体有不同的反应。稀土类材料如 $LaNi_5$、$MnNi_{4.5}Al_{0.5}$ 等，容易受到 O₂、H_2O、CO_2、N₂、CH_4 等气体的毒化影响；而钛系材料如 $TiFe_{0.85}Mn_{0.15}$ 等，容易受到 CH_3SH、N₂、CH_4 等气体的毒化作用；因此，要根据所处理的杂质气体的不同谨慎选择使用的储氢材料类型。

6.3.2　氢的工业纯化方法

1. 变压吸附法

变压吸附（PSA）法是利用固体材料对混合气体不同组分的选择性吸附以及吸附量随压力的变化而改变的特性，通过周期性改变压力实现气体的高效分离与提纯的氢的纯化方法。20 世纪 70 年代，美国联碳公司（Union Carbide Corporation）和德国 AG（Aktiengesellschaft）公司先后研发出了实用化的变压吸附技术并成功在工业上应用。随后，该项技术在工业应用领域得到了迅速发展，逐渐成为一种重要的高效气体分离提纯技术，广泛应用于空气干燥与净化、氢氧分离以及 H₂ 提纯等方面。变压吸附技术是近 20 年来发展较快的气体分离技术，该技术能够对十几种气体进行分离提纯，已被广泛应用到大规模制氢工业中。该项技术相比于其他工业常用的 H₂ 提纯技术具有很多优势，其能耗低、产品纯度高且易调节、工艺流程简单、自动化程度高、吸附剂使用寿命较长、装置可靠性较高，但其产品回收率较低，是未来的主要优化研究方向。

变压吸附法在工业使用中可分为以下 3 个基本过程：首先，在较高的吸附压力下，将混合气体通入吸附床，吸附剂选择性吸附其中的强吸附组分，其他杂质气体则被排出；其次，根据吸附组分的特点，通过降压、抽真空、冲洗或置换等方法，使吸附剂解吸再生；最后，吸附剂解吸再生完成后，利用弱吸附气体对吸附床进行加压，完成下一次吸附的准备。变压吸附法在工业应用中通常会使用固定床结构，同时采用两个或多个吸附床系统，从而保证吸附剂能循环进行吸附与再生。如图 6-1 所示为变压吸附焦炉气提纯 H_2 的工艺流程。

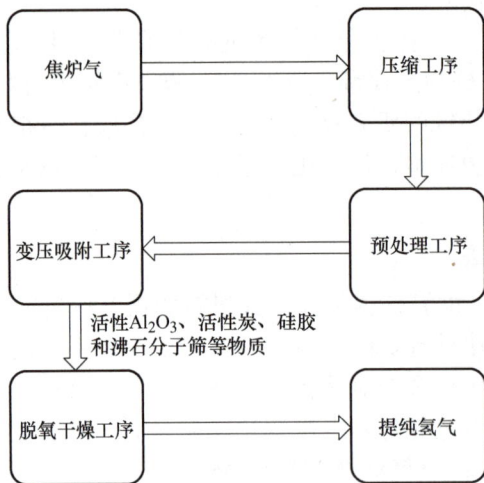

```
┌──────────┐              ┌──────────┐
│  焦炉气  │ ──────────▶ │  压缩工序 │
└──────────┘              └──────────┘
                                │
                                ▼
┌──────────┐              ┌──────────┐
│ 变压吸附工序│ ◀────────── │ 预处理工序 │
└──────────┘              └──────────┘
      │
      │ 活性Al₂O₃、活性炭、硅胶
      │ 和沸石分子筛等物质
      ▼
┌──────────┐              ┌──────────┐
│ 脱氧干燥工序│ ──────────▶ │  提纯氢气 │
└──────────┘              └──────────┘
```

图 6-1　变压吸附焦炉气提纯 H_2 的工艺流程

在变压吸附工艺中，吸附剂是基础与核心。根据吸附气体的不同合理选择吸附剂才能使提纯效果更好。因此，使用变压吸附法分离氢气源中的杂质气体时，必须先明确其具体组分以及适用的吸附剂，以设计合理高效的提纯工艺流程。

变压吸附法纯化 H_2 中使用的吸附剂主要有活性 Al_2O_3、活性炭、硅胶和沸石分子筛等物质。活性 Al_2O_3 具有强亲水性，在工业使用中可有效去除 H_2 中的水分；活性炭在日常生活中与工业中都是常见的吸附剂，一般来说，工业用活性炭需要更强的吸附能力，能有效吸附气体中的多种弱极性和非极性有机分子，有效解决有机物在气体中浑浊的问题；硅胶类吸附剂主要作用于气体中的 CO_2，对水和烃类也有较强的吸附特性；沸石分子筛在结构上具有分布均匀的微孔，主要由一些极性物质构成，具有极强的吸附选择性，是当前应用较为广泛的吸附材料。

在工业生产中，所需提纯的原料气组分往往十分复杂，这就需要针对具体成分合理选择适配的吸附剂，但不能简单地将适配的吸附剂混合后在吸附塔中使用，而是应按吸附工艺的要求分层填装，来组成复合吸附床，以达到更好的提纯效果。

2. 低温吸附法

低温吸附法利用低温条件下（通常是在液氮温度下）吸附剂对 H_2 中杂质的选择性吸附作用实现 H_2 纯化，制取的 H_2 纯度可达 99.9999%（体积分数）以上。在工业生产中，通常使用两台吸附器，其中一台进行低温吸附，另一台进行解吸再生，循环进行吸附，以实现连续生产。常用的吸附剂有工业活性炭、硅胶、分子筛等，具体的使用种类及方式要根据原料气体的不同而改变。当以电解水制得的 H_2 为原料气时，由于其主要杂质是水、氧、氮及微量碳氢化合物等，可以先冷凝干燥除水，再进行催化脱氧，最后利用低温吸附法进一步净化。

工业生产中一套典型的低温吸附净化系统主要由稳压汇流排、常温吸附净化及超低温吸附净化 3 部分组成。稳压汇流排的作用是将原料 H₂ 降压、稳压。它将压力在 14MPa 左右的原料 H₂ 减压并稳定在 0.3 ～ 0.4MPa 的工作压力下。常温吸附净化系统的作用是初步去除杂质，将 99.5%（体积分数）的工业氢吸附净化到含氧量为（1 ～ 5）× 10⁻⁶、露点为 −70℃左右的纯氢。整个吸附净化系统通常采用多级吸附装置，第一级吸附罐主要针对原料气中的水、碳氢化合物等进行初级吸附，随后进入脱氧罐，使 H₂ 中的氧在催化剂的作用下与 H₂ 反应生成水。第二级吸附罐（超低温吸附净化）分离吸附脱氧罐中生成的水以及 H₂ 中仍未被去除的微量水和碳氢化合物，最后在脱氮罐中吸附 H₂ 中的微量氮，完成纯化过程。其工作原理如图 6-2 所示。

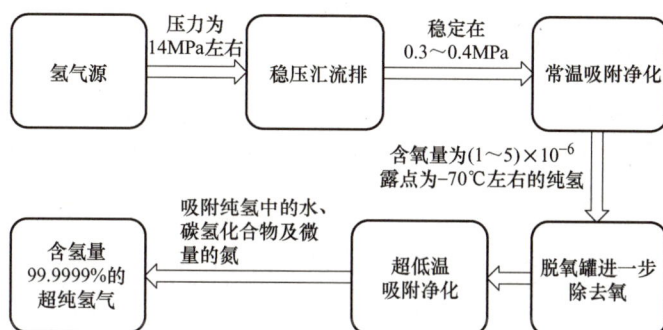

图 6-2　低温吸附净化系统的工作原理

3. 工业化低温分离法

低温分离法是利用相同压力下 H₂ 与其他组分存在沸点差的原理，降低原料气的温度，使沸点较高的组分先冷凝，从而分离 H₂ 和其他组分。这种方法对原料气中氢的含量要求不高，得到的 H₂ 纯度可达 90% ～ 98%（体积分数）。其与低温吸附法的主要区别在于此方法是粗放型的，生产量大，成本低，但纯度也低，且要求原料气中的杂质组分可在低温下选择性冷凝。

4. 膜分离法

近年来，膜分离法也在工业中进行了应用，在工业生产中常用于石化、炼油以及合成氨工业产生的杂质气回收，主要使用的膜有聚合物膜、无机多孔膜、金属膜 3 类。该技术在工业生产中表现出能耗较低、成本较小、装置及操作简单的优点，可在温和条件下实现连续分离，并且可以与其他分离工艺复合等。中国石油化工股份有限公司镇海炼化分公司已成功在其制氢装置上耦合 H₂ 分离膜。经该装置回收提纯后，H₂ 的纯度达到了 91.4%（体积分数），回收率可达 87.36%（体积分数），回收能耗降低 87%。

5. 水合物分离法

水合物分离法是利用不同气体生成水合物所需的压力存在差异的原理，通过控制压力选择性分离混合气体中的特定组分。其中，水合物是指一些气体小分子，如 CO₂、H₂S、CH₄ 等，在特定环境下可与水生成类似于冰晶的晶状物。气体要生成水合物需满足以下两点：首先，气体分子要为非极性或少数弱极性分子；其次，分子尺寸大小要介于 Ne 和 C₄H₁₀ 之间。由于氢分子过小，不能形成水合物，因此可以利用该技术将富氢气体中的其他组分形成水合物并去除。

　　近年来，这种方法在石油化工、炼油工业的废气回收领域研究较为广泛，在对裂解干气以及煤层气中的烃类气体（如 CH_4、C_2H_4、C_2H_6 等）组分的分离回收时，水合物分离法表现出较高的回收率以及较低的设备投资成本和材料消耗。目前，研究人员着力研究使用水合物生成热力学促进剂（如四氢呋喃、环戊烷等），这将进一步降低水合物分离法纯化 H_2 的成本，提高分离效率。

第7章

储 氢

储氢就是将 H_2 通过物理或化学的方式进行储存，以达到方便有效地存储利用 H_2 的技术。它是氢能源使用过程中关键的一个环节，也是目前氢经济发展的主要瓶颈。

上海交通大学学者在 2019 年 9 月 11 日的智慧能源与绿色发展论坛上表示，氢能源，特别是燃料电池的开发与应用的前景非常广阔。但氢的储运难题制约了氢能产业发展，一方面是目前的储运方式不方便、不安全；另一方面是成本高、容量低，难以满足氢能源应用的需求。由此可见，储氢技术的革新是深入推进能源革命，建设新型能源体系必不可少的一环。

2020 年 10 月 20 日，在广州佛山举办的氢能大会上，中国工程院院士提出，氢能将在能源结构转型中发挥重要的作用，世界上一些国家开始布局氢能产业。要实现氢能产业的良好发展，安全可靠的储运是氢能发展的关键。氢能是国家新型能源体系的重要组成部分，储氢技术是集新材料、新能源、新工业于一体的产业链核心关键技术，氢能领域工作者应当紧跟国际先进工业水平，追求自立自强，积极参与相关技术领域的推进与治理，为深入推进能源革命打好坚实的基础。

目前实用化程度较高的储氢方式根据储氢技术的不同，可分为气态储氢、液态储氢和材料储氢。气态储氢技术主要有高压气态储氢技术，它是目前使用最为广泛的储氢技术。液态储氢技术即低温液态储氢，该技术通过压缩和深度冷却的方式使 H_2 液化，然后储存在绝热的低温容器中。材料储氢技术则是使用储氢材料，利用其可以吸附 H_2 或与 H_2 产生特定化学反应的特性生成氢化物，改变氢的形态，从而进行更安全、高效的运输。

7.1 氢能工业对储氢系统的要求

氢能工业对储氢系统的总要求有 4 个方面：安全性、大容量、低成本、方便使用。但具体到不同的氢能终端，对氢能系统的具体要求存在较大差异。氢能工业供应的终端用户可分为两类，一是供应民用和工业使用的气源，二是供应交通工具使用的气源。前者要求具备特大的储氢容量，与目前普遍使用的天然气巨型储罐类似，容量需要达到几十万立方米。后者则要求具备较大的储氢密度，参考目前汽车油箱的一般体积，以 500km 的续驶里程推算，氢燃料电池驱动的电动汽车，其采用的储氢材料的质量储氢密度应达到自重的 6.5% 以上才能满足实际应用的要求。基于此，美国能源部将储氢系统的实用目标定为：质量储氢密度为 6.5%，体积密度为 62kg/m³。

7.2 储氢技术

7.2.1 高压气态储氢技术

高压气态储氢是目前使用最广泛、技术最成熟的一种储氢技术。该技术通过在临界温度以上用高压的方法压缩 H_2，使 H_2 以高密度形式存储于容器内，其具有取用便利、存储能量消耗低、储氢综合成本低、工作条件宽等优点。

有关该技术的研究表明，随着储氢罐内压力的逐渐增大，H_2 的质量密度逐渐增加。在此过程中，当储罐压力在 30～40MPa 时，密度随压力的增加变化较快，而当压力超过 70MPa 时，密度随压力的增加变化并不明显。因此，考虑到储氢效能，商用化高压气氢储罐的工作压力一般在 35～70MPa 范围内。目前市场中使用最为广泛且设备简单的是 20～35MPa 储氢压力的普通高压储氢技术，70MPa 储氢压力的高压储氢技术处于示范使用阶段。高储氢压力对储罐的材质提出了更高的要求，所以储罐材质的进一步改进成为当前研究的重点。

高压储氢技术容器的发展经历了金属储罐、金属内衬纤维缠绕储罐，以及全复合轻质纤维缠绕储罐等阶段。

1. 金属储罐

金属储罐是最早大规模投入使用的储氢容器，其材质一般为具备良好抗压性能的金属材料，典型的如碳钢、不锈钢、铝合金等。此前，由于钢瓶的耐压性问题，一般储存压力只达到 12～15MPa，由于压力较小，质量储氢密度仅为 1.6%。为了提高储氢压力，研究人员近年来通过增加储氢罐的厚度等方式提高其储氢压力，如我国石家庄安瑞科气体机械有限公司成功研制了 45MPa 级高压无缝 H_2 钢瓶，日本制钢所等研制了 80MPa 级高压无缝 H_2 钢瓶。但加厚的罐壁在提高储氢压力的同时也造成了储罐容积的下降，运输成本也因自重的加大而升高。同时，从生产原理上来说，金属储氢钢瓶以无缝钢管旋压制造，因此一般为单层结构，无法在容器壁中安置传感设备实时监测罐体状态，并且随着材料强度的提升，金属易产生氢脆进而失效的风险也在上升。因此，这种金属储罐主要在 H_2 需求量较小、使用场景固定的 H_2 储存中，不能满足车载长途运输的需求。

2. 金属内衬纤维缠绕储罐

金属内衬纤维缠绕储罐的承载能力及单位质量储氢密度相比于金属储罐得到了有效提高。该类容器主要由外层缠绕的纤维承担压力荷载，纤维缠绕的工艺由早期的单一环向缠绕发展为环向加纵向缠绕以及多角度复合缠绕。内衬的金属材料通常为铝、钛等轻金属，仅起到密封 H_2 的作用，不承担压力荷载。由于采用轻质纤维作为承压层，大幅降低了储罐的质量，且储氢压力可达 40MPa，同时由于该种储罐制造成本低、储氢密度大，目前已被广泛用于大体积 H_2 的储存。

当前，该种储罐主要使用碳纤维、玻璃纤维和凯夫拉纤维等高强度纤维作为补强纤维。储罐内衬金属经过多层纤维缠绕后不易受到腐蚀，还可通过预留密闭空间的方式实现对储罐状态的实时安全监测。随着纤维强度的提高和缠绕工艺的进步，金属内衬纤维缠绕储罐的承载能力与单位质量储氢密度进一步提高。我国已经成功实现 35MPa 铝内胆碳纤维缠绕储 H_2 瓶的商用；美国 Hexagon Lincoln 公司研制的纤维全缠绕高压 H_2 瓶实现了 25 ～ 54MPa 压力的储氢，单车运氢质量可达 720 ～ 1350kg；加拿大 Dynetek 公司开发的一种金属内衬储氢罐储氢压力可达 70MPa，并已实现商业化。我国石家庄安瑞科气体机械有限公司于 2014 年研制了 87.5MPa 钢内胆碳纤维全缠绕 H_2 钢瓶。

3. 全复合轻质纤维缠绕储罐

全复合轻质纤维缠绕储罐进一步降低了储罐的质量，这种储罐分别由内部的塑料内胆、外层的纤维缠绕层及保护层构成。塑料内胆韧性较强，可以起到固定外形和纤维缠绕模具的作用，并使得储罐具备更高的强度、韧性，以及更好的耐蚀、耐高温性能。

日本丰田公司开发的一种碳纤维复合轻质储氢罐的储氢压力可达 70MPa，储氢的质量储氢密度约为 5.7%。该储罐的开发者对纤维缠绕方式进行了优化，如对罐的筒部、边缘、底部进行不同程度的角度化缠绕，减少了纤维缠绕圈数及用量，从而更进一步地降低该型储罐的质量。由于主要使用轻质复合材料，这种储氢罐的自重仅为同等储量钢制储氢瓶的一半，在市场上具有一定的竞争优势。

目前，世界各国对该种储氢容器的技术研究都十分重视，但只有法国、挪威、日本等少数国家实现了商业化应用。全复合轻质纤维缠绕储罐相比于前两种类型的储罐在经济与储氢效率方面有着明显的优势，但在推进商业应用中还需针对以下技术难点进行研究：

1）进一步提高储罐的储氢压力，从而提高储氢密度。

2）增强储罐的安全性，避免高压储存可能引起的 H_2 泄漏问题。

3）开发更加轻质、强度更高的新型材料，进一步降低储罐的重量。

4）加强复合罐体中塑料内胆与金属接口的密封连接。

总体来说，在国内外研究人员的努力下，高压气态储氢技术的技术研究已经取得了很大的进展，然而高压气态储氢技术因其固有的特点还存在一些问题：

1）高压气态储氢的储氢密度较低。研究表明，35MPa 压力下的储氢体积密度为 22.9g/L，而 70MPa 压力下的储氢体积密度为 39.6g/L，但储氢压力大于 70MPa 后，储氢密度随着压力上升的增加速度会急剧下降，仅靠提高储氢压力，难以达到商用化要求。

2）H_2 压缩消耗的能量较大。压缩气态氢需要消耗较大的压缩功，即便采用多级压缩、级间冷却等技术手段，将常压 H_2 压缩到 70MPa 所需的最小压缩功仍高达 10161kJ/kg，因此针对压缩过程中的传热技术的研究是降低压缩功耗的关键。

3）传统储氢容器多为钢制，储罐的金属强度有限，高工作压力的钢制容器十分厚重，储罐自身重量较大。虽然全复合轻质纤维缠绕储罐等新型储氢容器的出现，大大改善了高压储氢容器的难以轻量化问题，但尚未完全满足商业应用的要求，轻量化的问题仍待解决。

4）存在 H_2 泄漏和容器爆破等风险。

7.2.2 液态储氢技术

液态储氢技术是一种将 H_2 液化之后进行存储的技术。使用该技术将 H_2 压缩，并深冷到 21K 以下可使其变为液氢，然后存储在低温绝热容器中。常温、常压下液氢的储氢体

积密度可达 $70.9kg/m^3$，是常态气氢的 856 倍，因此对于同体积的储氢容器，液态储氢技术可以大幅提高储氢质量。液氢在使用过程中具有加注时间短、体积能量密度高、使用寿命长等特点，主要应用于对于储存空间有限制的场合，如运载火箭、车辆发动机以及洲际导弹等。目前液态储氢技术在航空航天领域应用较成熟，坐落于美国肯尼迪航天中心的低温液化储氢罐是世界上最大的低温液化储氢罐，其容积高达 $1.12×10^6L$。在民用方面，液态储氢技术主要应用于对液氢有需求的化工厂以及液氢储氢型加氢站，仍处于起步阶段。

低温液态储氢是未来商业化应用前景较好的一种储氢方式，但其也存在一些亟待解决的问题。例如，在 H_2 液化的过程中需要多级压缩冷却，要消耗较大的能量。液氢沸点仅为 20.38K，气化潜热小，仅为 0.91kJ/mol，液氢的温度与外界的温度存在巨大的传热温差，对储氢容器的绝热性能有较高的要求，如果绝热性能不佳，液氢会快速沸腾而损失。即便采用真空绝热储槽，液氢也难以长期储存，因此在实际使用过程中，短时间储存液氢时，储罐通常采用开放性设计，允许有少量的液氢蒸发以保持低温。

液氢在极大的储罐中储存时会出现与液化天然气类似的热分层现象，储罐底部的液氢会受到来自上部的压力，使得底部液氢的沸点略高于上部的，上部液氢则由于少量挥发而始终保持极低的温度。因此，静置后储罐内部的液体会形成下"热"上冷的两层。上层因温度较低而密度较大，蒸气压也更低，而底层较热而密度较小，蒸气压也较高。处于这种状态的液氢十分不稳定，如果受到外界扰动，这种状态就会被打破，上下两层会不受控地翻动。此时，若较热且蒸气压较高的底层翻到储罐上层，就会发生液氢爆沸，产生大量 H_2，使储罐处于高压危险状态，甚至爆破。为避免此类事故的发生，较大的液氢储罐一般装有速度缓慢的搅拌装置，以阻止液氢热分层。较小的液氢储罐可通过加入约 1% 体积的铝屑的方法，加强上下层的热传导。

液氢最大的问题是无法长期保存。由于储氢容器无法绝热，不可避免地会有液氢蒸发，导致储罐内压力增加，当压力超出储罐安全范围时，必须起动安全阀，排出 H_2 以降低压力。目前，液氢的损失率每天达 1% ～ 2%（质量分数），所以低温液态储氢技术目前只适用于持续使用的场合，其商业化应用还处于起步阶段。因此，绝热性能更好的绝热材料是未来研究的一个重要方向，同时由于球形具有最大的表面积体积比，利于保温，球形结构的液氢储罐也是未来的发展方向。

7.2.3 材料储氢技术

材料储氢技术是指利用储氢材料通过物理吸附、化学吸附或者形成氢化物的方式储存 H_2 的技术。储氢材料是一种既可以吸收 H_2，也能在一定条件下释放 H_2 的材料。在实际应用中，由于需要以特定的速度缓慢释放 H_2，所以要求储氢材料对氢具有良好的吸附可逆性。衡量储氢材料的主要性能指标有理论储氢容量、实际可逆储氢能量、循环利用次数、补充燃料所需时间以及对杂质（空气中和材料中）的不敏感程度等。储氢材料根据吸附方式的不同主要可以分为两大类，一类是基于化学键结合的化学储氢方式材料，如储氢合金、金属配位氢化物、化学氢化物；另一类是基于物理吸附的物理储氢方式材料，如活性炭、纳米管、二氧化硅微球等。该类储氢材料与 H_2 以范德瓦耳斯力相结合，因此具有吸放氢速率快、循环性能好等优点，但由于结合力较弱，吸放热较少，所以需要在较低的温度（如液氮温度）下使用。

1. 金属氢化物储氢

在储氢材料的研究中，最受研究人员重视的是储氢合金材料。储氢金属材料因其原料丰富、容易获取、储氢密度高、储氢条件宽松等优点，是目前研究最集中、使用最广泛的储氢材料。使用这些金属制造的合金材料可以与 H_2 反应形成金属氢化物，从而吸收储存大量 H_2，加热这些金属氢化物或降低 H_2 压力后，它们会分解并释放 H_2，这样的合金称为储氢合金。储氢合金具备很高的单位体积储氢密度，一般可以达到常温常压气态储氢的 1000 倍，部分甚至能高于液氢。储氢合金吸氢后具有很好的可逆性，氢以原子态存储于合金中，储氢合金释放 H_2 要经历扩散和化合等过程，这些过程的速度可以受到热效应以及反应速度的制约，易于控制，安全程度高。目前常见的储氢合金主要为 AB_5（稀土系）、AB_2（锆系）、AB（钛系）、A_2B（镁系）、AB（钒系）等，储氢合金的性能见表 7-1。

表 7-1　储氢合金的性能

对比项目	AB_5（稀土系）	AB_2（锆系）	AB（钛系）	A_2B（镁系）	AB（钒系）
典型代表	$LaNi_5$	ZrM_2、TiM_2	TiFe	Mg_2Ni	V-Ti-Fe、V-Ti-Cr
质量储氢密度	1.4%	1.8%～2.4%	1.86%	3.6%	2.1%～2.5%
活化性能	容易活化	初期活化困难	活化困难	活化困难	活化较好
吸放氢性能	室温吸放氢快	室温可吸、放氢	室温吸、放氢	高温下吸、放氢	室温可吸、放氢
循环稳定性	平衡压力适中，调整后稳定性较好	吸、放氢可逆性能差	反复吸、放氢后性能下降	吸、放氢可逆性一般	循环稳定性一般
抗毒化性能	不易中毒	一般	抗杂质气体中毒能力差	一般	一般
价格成本	相对较高	价格便宜	价格便宜、资源丰富	价格便宜、资源丰富	价格较高

（1）稀土系储氢合金　稀土系储氢合金最早是在研究人员对永磁材料的研究过程中发现的，它是一种稳定的 $LaNi_5H_6$ 氢化物，在储氢合金中储氢量相对较小。$LaNi_5$ 是最具代表性的稀土系储氢合金，也是 AB_5 型的一种储氢材料，其中 A 代表稀土元素，B 代表其他金属元素。该合金具有室温下易于氢化，平衡压适中、吸放氢速度快、初始阶段活化容易、抗毒化性好、循环释放稳定性能好等优点，但是该种合金在吸氢过程中会产生体积膨胀，容易出现粉化。为改善稀土系储氢合金的粉化现象，进一步提高合金的储氢性能，研究人员一方面尝试使用其他元素替代 A 位或 B 位元素，形成的新合金储氢能力普遍低于 $LaNi_5$，但储氢循环性能、材料稳定性得到了提高；另一方面，通过快速凝固法、多元合金化、热处理等工艺，使储氢性能得到了一定提高。

（2）锆系储氢合金　锆系储氢合金是一种较为新型的储氢材料，它有望替代稀土系储氢合金及钛系储氢合金，常见的有 Zr-V、Zr-Cr 和 Zr-Mn 等，其中 ZrV_2 的储氢量高达 3%（质量分数）左右，但因其在室温的平衡压力过低（1×10^{-3}Pa，49.85℃），在实用化上存在困难。锆系储氢合金具有易活化、吸氢量大、无滞后效应等优点，但其稳定性较差。由于该种合金对成分的变化较为敏感，因此研究人员通过向合金中掺杂部分贵金属或稀土元素等对其改性。通过使用少量的 Ti 替代 Zr，能够提高合金活化性能，延长其使用寿命。向其中加入 Ni 元素可提高合金的吸氢能力、催化活性和稳定性；通过向 Zr–Cr–Ni 合金中掺杂稀土元素制得的合金具有同样显著的效果，但这种合金成本较高，活化性能也较差。

（3）钛系储氢合金　钛系储氢合金的典型代表是 TiFe 系储氢合金，该种合金具有 CsCl 结构，储氢质量分数为 1.8%。其具有价格较低、室温下储氢性能较好等特点，但这种材料密度大，活化较困难，其表面存在钝化氧化物，导致第一次氢循环中难以活化，须在 450℃、5×10^6Pa 的环境下进行，并且其滞后较大、抗毒性差。多元钛系合金的初始电化学容量达到了 300mA·h/g，但该合金易氧化，暴露在空气环境中会迅速失活，循环寿命也较短。研究表明，纳米晶 FeTi 储氢合金的储氢能力与多晶材料相比得到了显著的提高，并且活化处理更方便，因此纳米晶 FeTi 材料在高容量储氢材料方面更有应用前景。

（4）镁系储氢合金　镁系储氢合金具有资源丰富、质量轻、无污染、储氢量高等优点，是目前最具发展前景的储氢材料之一。镁系储氢合金以 Mg–Ni 体系合金为代表，该类型合金的研究难点一方面是 Mg 的挥发性较强，难以制备纯净的镁基化合物。另一方面，镁的表面活性较强，使得合金表面容易形成致密的 MgO 氧化物层，阻碍了 H_2 的进入，并且合金与 H_2 接触后，表面先形成的 MgH_2 层也会阻碍 H_2 的吸收。此外，Mg–Co 体系、Mg–Fe–H 体系的储氢合金也是研究的重点，其储氢量可以达到 4.5%～5.4%（质量分数），但这两种体系合金的制备条件要求较高。目前针对镁系储氢合金的研究主要集中在改进镁系储氢合金吸放氢速度慢、工作温度高、耐蚀性差等方面，常用的方法有成分替代、增加催化剂、氢化燃烧合成等。

（5）钒系储氢合金　常见的钒系储氢合金有 V–Ti–Fe、V–Ti–Cr、V–Ti–Ni、V–Ti–Mn 等，这类材料具有储氢密度大、平衡压适中、可逆储氢量大，工作条件宽松以及氢在氢化物中的扩散速度较快等优点，因此是当下研究最火热的一种储氢材料。但由于 V 在常温下的可逆储氢量最高只能达到理论的一半左右，且 V 的价格昂贵，循环性能差，所以仍需进一步的研究。目前，通过热处理及进一步多元合金化研究，钒系储氢合金的循环稳定性及高倍率放电性能得到了显著提高，其中 V–Ti–Cr 三元合金材料在不超过 60℃的脱氢温度下能够达到 2.1%～2.5%（质量分数）的储氢性能，显示出良好的产业化应用前景。

2. 非金属氢化物储存

氢是一种化学性质较为活泼的元素，它不仅可以与一些金属产生氢化物，也能与许多非金属元素或化合物作用生成含氢化合物，这些材料也可用作储氢材料或人造燃料。

氢与 CO 可通过催化反应产生烃和醇，在反应过程中会释放热量并使体积收缩，因此加压和低温的环境有利于反应的进行。通过使用更高性能的催化剂，可以使完成反应所需的压强降低，进一步降低了转换的成本。

南方科技大学清洁能源研究院院长认为先储存甲醇，然后在需要的时候利用甲醇和水的反应制氢是未来可能商业化的储氢方式。甲醇本身就是一种燃料，可以替代汽油或添加在汽油中使用，还可以脱水合成烯烃，制成人造汽油。甲醇可以通过天然气、煤炭等传统燃料制得，未来也有望实现通过太阳能转换 CO_2 和 H_2O 制得，是十分有商业应用前景的绿色燃料。甲醇的储存、运输和使用都十分方便，当醇类作逆向分解时，就可以释放出 H_2，通过甲醇分解的 H_2 可以用作氢－氧或氢－空气燃料电池的燃料。此外，1L 甲醇通过与水反应可以释放出 143g 氢，同体积的液氢只能释放出 72g 氢，因此使用甲醇作为氢能源的载体也是研究热点。

氢与一些不饱和烃在一定条件下可以生成含氢更多的烃，可以作为氢能源的载体。例如，C_7H_{14} 常态下为液体燃料，加热后又可释放出氢，可视为液态储氢材料。同样，氢氮生成的含氢化合物如氨、肼等，既是人造燃料，也是氢的寄存化合物，因此也可视为液体储氢材料。

氢和硼形成的氢化物也具有储氢能力。硼氢化合物中，B_2H_6、B_5H_9、$B_{10}H_{14}$ 等也是燃烧热较高的人造燃料，其燃烧反应时放出的热量要比石油等燃料高 1.5 倍以上，其中有些硼化物也可以分解释放出 H_2。

利用氢在不同化合物中的不同形态的储存特性，能够更安全便利地储存、运输和使用氢能。由于这类氢化物多数为液态，储存难度较低且具有成熟的储存、使用经验，在需要使用时，通过可控化学反应的方式裂解氢化物，从而安全地使用分解出的 H_2。

7.2.4　其他储氢技术

1. 氨硼烷化合物储氢

氨硼烷化合物储氢是有希望快速工业化的储氢方法之一。一些离子型氢化物，如 NH_3BH_4、$NaBH_4$ 等加热后会分解释放出 H_2，其理论质量储氢密度分别高达 19.6% 和 10.7%，因此受到了研究人员的重视。针对这些储氢材料开展的研究较早，我国对这类氢化物合成和应用的研究始于 20 世纪 50 年代。近年来，国内外针对这类储氢材料的研究更注重实用化，研究重点是释放氢用催化剂、吸放氢速度控制、氢化物复用等方面。这类储氢系统在氢燃料汽车上应用的主要难点是系统的响应与化合物本身价格昂贵。除上述的氢化物外，较为常见的氨（NH_3）也是良好的氢载体，氨可以在常压环境下通过热催化裂解产生氢，且液氨的储运成本远低于液氢的。但氨分解生成的 H_2 中含有残留的氨分子，会对燃料电池的电化学性能产生影响，因此未来还需进一步研究更高效的低温高效催化剂与纯化技术。

2. 液态有机物储氢

液态有机物储氢是利用液态有机物加氢和脱氢的可逆反应来实现的，它是十分有希望工业化的储氢方法。液态有机物储氢剂主要是苯和甲苯，苯（或甲苯）可与氢反应生成环己烷（或甲基环己烷），此载体常温常压下为液态，储存与运输简单易行，使用时通过催化脱氢反应释放氢，该储氢技术具有储氢量大（环己烷和甲基环己烷的理论储氢量分别为 7.19% 和 6.18%）、能量密度高、可循环利用、储存设备简单等特点，因此目前已成为一项有发展前景的储氢技术。但其加氢过程是强放热反应，脱氢过程为吸热反应，脱氢反应所需的能量约为自身存储氢能的 30%，在工业化的过程中需要解决能量回收利用的问题。

使用液态有机氢化物作为氢载体的储氢技术始于 20 世纪 80 年代，美国布鲁克海文国家实验室（Brookhaven National Laboratory，BNL）首先成功地将 $LaNi_5$ 等粉末添加到 3% 左右的十一烷或异辛烷中，制成可流动的浆状储氢材料。近年来，液态有机物储氢技术在日本和欧洲得到了迅速发展，欧洲目前已开展液态有机物储氢在船舶和铁路等方面的示范工程。国内中国地质大学（武汉）可持续能源实验室程寒松团队目前已开发出多种液态有机物储氢物质，并建立了相关的一系列演示验证平台。我国武汉氢阳能源有限公司采用了以含氮杂环化合物为主体的多种有机液体材料进行储氢，可以实现在较低温度（约200℃）下快速释放 H_2。

目前该体系还存在一定的缺点，需要由研究人员解决：①提高能量利用效率，减小加氢放热与放氢吸热带来的能量损耗；②提高低温下的储氢脱氢速度；③降低催化剂成本，增加催化剂的使用寿命。

3. 碳基储氢材料

碳基储氢材料是长期以来一直受到研究人员重视的储氢材料。其储氢原理是碳基储氢材料可在低温环境下吸附储氢，在高温环境下解吸，从而释放储存的氢。目前常用的碳基储氢材料主要有活性炭、石墨纳米纤维和碳纳米管等。

研究人员从 20 世纪 60 年代就开始研究活性炭储氢技术，其以超高比表面积的活性炭为吸附剂，在中低温和中高压的环境中吸附储氢。经过特殊加工的超高比表面积活性炭在 2 ~ 4MPa 和超低温（77K，为液氮的温度）下，质量储氢密度可达 5.3% ~ 7.4%，但受限于低温条件，未能得到广泛的应用。

20 世纪 90 年代，碳纳米纤维、石墨纳米纤维、碳纳米管等储氢材料得到了发展。碳纳米纤维内部存在大量的分子级细孔，使其具备超高的比表面积，从而能够吸附大量的 H_2。Hwang 等使用 Ni-MgO 作催化剂催化分解 CH_4，成功合成了碳纳米管，它在 25℃、12MPa 环境下的储氢能力达到了 1.4%（质量分数）。但其他试验研究表明，单质的碳纳米纤维在室温下的储氢能力很难提升。因此，与其他材料复合制备复合储氢材料是未来研究的重点。

石墨纳米纤维是在高温（700 ~ 900K）环境下，使多种含碳气体的混合气体在催化剂表面热解制得的。它的结构中包含大量与氢分子动力直径相匹配的纳米空隙，是储存氢的理想构型。Lueking 等通过提前对石墨纳米纤维进行预处理，使其在室温、6.9MPa 的环境下具有 3.8%（质量分数）的储氢能力。石墨纳米纤维未来的研究重点是与其他固体物理吸附储氢材料相结合，制成复合储氢材料。

碳纳米管相当于一个卷状的石墨烯薄膜，其内径一般为几纳米，长度为 10 ~ 100μm。按照结构特性的不同，其可分为单壁碳纳米管（SWCNTs）和多壁碳纳米管（MWCNTs）。理论上，碳纳米管的储氢质量可达 10%（质量分数），但大量的研究表明，其在常温下的储氢质量不超过 4.2%（质量分数）。中国科学院金属研究所沈阳材料科学国家（联合）实验室研究团队针对多种碳纳米管进行测试后得出，包括单壁碳纳米管和多壁碳纳米管在内的各种碳纳米管均难以达到相关标准要求。未来其发展的重点主要是作为金属氢化物和复合氢化物的添加剂，提高其储氢容量和改善吸/释氢动力学性能。

从以上几种碳基储氢材料不难看出，依靠单一类型的材料很难满足工业化需求的高密度储氢目标，未来根据不同类型材料的储氢特性进行复合材料研发将是发展的热点。

第8章

氢的输送、加注和氢能的标准

氢能是能源转型升级的重要方向，也是实现碳中和目标的重要途径。在整个氢的产业链中，安全、高效的输送是产业链的重要组成部分。H_2的储运是氢能技术的重要环节，而安全问题至关重要。知名能源专家刘科提出，氢能发展的核心是储运。H_2应通过管线输运，因为货车是很难输送H_2的。一辆载重量为49t的货车只能运350kg H_2，因为H_2要存储在200atm或者350atm的高压钢瓶中，钢瓶容器很重，而且每次输运只能卸载250kg H_2，不能卸空，必须留有100kg H_2。从西部完成制氢后，即使不计电费，将H_2输运至东部所消耗的能量比被输送的H_2所能产生的能量还要高。因此，氢能的核心是要解决H_2的储运问题。若储运问题不解决，则氢能不可能有较大发展。

浙江大学学者认为，管道输送具有运输体量大、距离远、能耗损失低等优点，有望实现氢能经济、大规模、长距离输送。要实现H_2或者掺氢天然气管道的安全、可靠运输，未来面临着不小的挑战。第一个挑战是提高输送管道材料的性能。在氢环境中，材料的性能除了与材料本身的化学成分、力学性能和微观组织相关以外，还与3个因素有关：第一是环境，第二是制造，第三是关键技术。在环境方面，H_2的分压、H_2的纯度、环境的温度对材料性能都会产生影响。在制造方面，热处理的工艺、焊接的工艺、成形的方法，也会对材料的性能产生影响。因此，在氢的影响之下，很难判断某一种材料是否绝对适用于某一个环境，要综合各个影响因素，以规定出材料的使用条件。在关键技术方面，也需要进行攻克，包括低成本高强度抗氢脆材料制造、高性能氢能管道设计制造技术、氢能管道系统运行和控制技术以及氢能管道系统应急和维护技术。另一个挑战是加快制定纯氢管道以及掺氢管道的标准。要实现稳定可靠的氢能或者掺氢天然气的管道输送，需要各位相关技术研究人员一起努力，一同推进相关技术进步。

此外，中国工程院院士认为，若采用天然气或纯氢管网输送H_2，则加氢站的加氢成本可降至30元/kg以下，氢能车的运行费用就可以和燃油车竞争了。若实现H_2压缩机、高压储氢瓶和加氢机等国产化和批量化生产，建成油、氢、电合建站，就可以大幅度降低加氢站的建设费用，待加氢站达到一定密度后，再示范商业化氢能乘用车。

2022年7月14日，中国工程院院士在氢能应用现代产业链建设推进会暨高质量发展论坛上表示，氢能是我国能源转型升级的重要载体，氢动力运输装备是交通领域实现碳达峰碳中和的重要突破口。目前产业亟待突破的瓶颈是氢能储运装备的安全可靠性问题。常温高压储氢是现阶段主流技术路线，此外还有深冷液态储氢、带压固态储氢等。不管采用什么储氢方式，一旦氢能储运装备发生失效，就有可能导致氢泄漏、燃烧、爆炸，造成重大人员伤亡和财产损失，因此氢能储运装备安全不容忽视。

按照氢在输运时所处状态的不同，可以分为：气态氢输送、液态氢输送和固态氢输送。其中前两种是目前大规模使用的方式。气态氢和液态氢可以采用管网输送以及车船运输。固态氢运输一般可采用车船运输，但目前较少。具体应该采用哪种运输方式，需要根据氢的输送距离、输送规模（加氢站的需求）、氢的应用场景以及用户的分布情况，做出全流程的设计和经济性预测。本章主要讲述不同形式氢（气态氢、液态氢、固态氢）的输送方式，提高输氢效率的途径，以及国内外氢的加注和氢能的标准。打造"氢能心脏"助力绿色转型，让学生领会大国制造的工匠精神，激发学生立志科研报国的热情。

8.1 气态氢输运

与车船运输相比，管道输送是最经济、最节能的大规模长距离输送 H_2 的方式。一般来说，制氢厂和用户之间会有一定的距离，这就需要 H_2 输送。目前最常见的气态氢（简称气氢）运输方式主要为管道输运，气态氢输运管道主要包括长距离高压输送管道（简称长输管道）和短距离低压配送管道（简称配送管道），长输管道输氢压力较高，管道直径较大，主要用于制氢单元与 H_2 站之间的高压 H_2 的长距离、大规模输送，配送管道输氢压力较低，管道直径较小，主要用于 H_2 站与各个用户之间的中低压 H_2 的配送。我国 H_2 管道总里程约为 400km，主要分布在环渤海湾、长三角等地，位于河南省的济源与洛阳之间的 H_2 管道是我国目前里程最长、管径最大、压力最高、输送量最大的 H_2 管道，其管道里程为 25km，管道直径为 508mm，输氢压力为 4MPa，年输氢量达到 10.04 万 t。按照《中国氢能产业基础设施发展蓝皮书（2023）》预计，到 2030 年，我国 H_2 管道将达到 3000km。

氢的体积能量密度为 12MJ/m³，与气态的其他燃料相比，氢的体积能量密度约是天然气的 1/3，与液体燃料汽油相比，氢的体积能量密度约是汽油的 1/3000。氢的密度很小，它在各状态下的密度见表 8-1。为了提高运输能力，一般将 H_2 加压，使其体积大大缩小，然后装在高压容器中，用牵引货车或船舶进行较长距离输送。我国常用的高压管式拖车一般有多根高压储气管。在技术上，这种输运方法已经相当成熟。但是，对于大量、长距离的气氢输运，经过管道输运氢是最有效的方法。由于常规的高压储氢容器的自身质量很大，而 H_2 的密度又很小，所以装运的 H_2 质量只占总运输质量的 1% ～ 2%。如何将低体积能量密度的氢，在高密度状态下进行输运及储存是一个较大的技术课题。目前而言，世界范围内 H_2 输运管道的建设较少，但随着氢能的开发与利用，H_2 输运管道的需求量预计在未来的几十年内会出现大幅度的增长。

表 8-1 氢各状态下的密度

H_2 状态	氢的密度 /（g/L）	氢的含量（%，质量分数）
H_2（标准状态）	0.09	100
压缩 H_2（35MPa）	24	100
液态氢（20K）	71	100
氢吸储合金（LaNi$_5$H$_6$）	105	1.4

虽然 H_2 输运管道建设成本较低，输送方便，是最适合大规模、长距离的输运方式，

但 H_2 长输管道建设难度大、成本高，目前 H_2 长输管道的造价约为 63 万美元 /km，天然气管道的造价仅为 25 万美元 /km 左右，H_2 管道的造价约为天然气管道的 2.52 倍。由于 H_2 长输管道昂贵的建设成本，利用既有天然气管道输运 H_2 与天然气混合气或将天然气管道改造为 H_2 管道的技术受到了研究人员的广泛关注。若能利用既有天然气管道输运 H_2，则对氢能发展大有好处。既有天然气管道能否用于输运 H_2 和天然气的混合气体，或经过改造而输运纯 H_2，主要取决于钢管的碳含量，低碳钢更适合输运纯氢。2019 年，世界上第一条由天然气管道改造而成的 H_2 管道已在 DowBenelux 和 Yara 之间投入使用。但由于 H_2 易燃易爆且易造成金属材料脆化的性质，H_2 管道与天然气管道存在着一定的差异，掺氢天然气输送技术和天然气管道改造技术的可行性仍需进一步评估。

8.2　液态氢输运

当液态氢（简称液氢）的生产地与用户所在地之间的距离较远时，可以将液态氢装在低温绝热槽罐内并通过多种运输方式（例如，货车、摩托车、船舶或者飞机）运输。液态氢输运是一种既能满足较大输运量，又比较快速、经济的运氢方式。因此，车船运氢的技术也显得尤为重要。

将储氢罐水平放置的槽车，其储存液态氢的容量可以达到 100m³。专用大容量铁路罐车甚至可以运输 120 ～ 200m³ 的液态氢。如图 8-1 所示为液态氢低温汽车槽罐车。液态氢低温汽车槽罐车是关键设备，常用水平放置的圆筒形低温绝热槽罐。汽车用液态氢储罐可以储存液态氢 100m³。铁路用特殊大容量的槽车甚至可运输 120 ～ 200m³ 的液态氢。据文献记载，俄罗斯的液态氢储罐容量为 25 ～ 1437m³，对应的液态氢储罐自重为 19 ～ 360t，可储液态氢 1.75 ～ 100.59t，质量储氢密度为 9.2% ～ 27.9%，储罐每天蒸发损失为 1.2% ～ 0.13%（质量分数）。液态氢储存密度和损失率同储氢罐的容积有较大的关系，大储氢罐的储氢效果要比小储氢罐的好。

图 8-1　液态氢低温汽车槽罐车

液态氢可用船运输，这和运输液化天然气（LNG）相似，不过需要更好的绝热材料，使液态氢在长距离运输过程中保持液态。液态氢空运要比海运好，因为液态氢的质量小，有利于减少运费，而运输时间短则液态氢挥发少。利用船舶运输液态氢是氢能产业链的重要环节之一，液态氢运输船具有成本低、运输量大、可以远距离输运的优点，是目前世界范围内分配氢能源的一种有效方式，可实现氢能源的跨领域和跨地区分配。根据世界能源发展趋势和我国对氢能源日益增长的需求，开展关于海上大规模输运液态氢方面的研究具有重要的现实意义。

在特别的场合，液态氢也可用专门的液态氢管道输送，由于液态氢是一种低温（-253℃）的液体，其储存的容器及输送管道都需有高度的绝热性能。即使如此，还会有一定的冷量损耗，所以管道容器的绝热结构就比较复杂。液态氢管道一般只适用于短距离输运。

8.3 固态氢输运

用储氢材料储存与输运氢比较简单，一般用储氢合金储存 H_2 后，运输装有储氢合金的容器。固态氢输运有以下优点：

1）储氢的体积密度高。

2）容器工作条件温和，不需要高压容器和隔热容器。

3）系统安全性好，没有爆炸危险。

固态氢输运最大的缺点是运输效率很低，不到1%。固态氢输运装置应该质量小、储氢能力大。例如，日本大阪氢工业研究所的多管式大气热交换型固氢装置用 672kg 钛系储氢合金储氢，可储氢 134m³，储氢率为 1.78%，储氢压力为 33～35bar（3.3～3.5MPa）。德国曼内斯曼公司、戴姆勒 - 奔驰公司采用 7 根单根直径为 0.114m 的管式内部隔离、外部冷热型固态氢装置，用 10t 钛系储氢合金储氢，可储氢 2000m³，储氢率为 1.78%（质量分数），储氢压力为 50bar（5MPa）。钛系储氢合金在放氢时，需加热至较高的温度。由于储氢合金价格高，通常为几十万元 /t，而且放氢速度慢，还要加热，所以用固态氢输运的情形并不多见。

8.4 可能的氢高效输运途径

H_2 的输运之所以效率低，原因是储氢密度低。如果储氢密度提高了，那么输运 H_2 的效率自然就提高了。氢的储运方式有高压储氢、液态氢输运、材料储氢、有机化合物储运氢、管道输氢等。利用既有天然气管道，将 H_2 加压后输入，使 H_2 与天然气混合输送；在用氢端，从管道中提取天然气及 H_2 的混合气，进行重整制氢，这是快速储运氢的新方向。例如，利用质子交换膜（PEM）电解制氢具有与储氢需求匹配的天然优势。生产的 H_2 不需额外的加压过程即可直接注入天然气管网。德国已有天然气管网 20%（体积分数）混氢的工程案例。法国 GRHYD 项目在 2018 年开始向天然气管网注入含 H_2（掺混率为 6%，体积分数）的天然气，2019 年 H_2 掺混率达到 20%（体积分数）。英国在 HyDeploy 项目中实施了零碳制氢，2020 年向天然气管网注入 H_2（掺混率为 20%，体积分数），验证了电解制氢注入气体管网的技术可行性。

8.4.1 掺氢天然气管网输运

氢的输运有很多方式，如使用长罐拖车、液氢槽车、管网等。其中，管网输运具有运输体量大、距离远、能耗损失低的优势，有望成为实现氢能经济规模化输运的重要手段。它广泛应用于加氢站、燃料电池汽车、工业厂区等场景。除了新建输氢管网，还可以利用在役的天然气管网实现掺氢输送。这些管网的特点如下：①管道的种类多，包括工业管道、长输管道、公用管道和专用管道；②管径范围大，直径从几毫米到 1.4m；③管道的压力范围很大，由 0.1MPa 至 103MPa；④使用量差距非常大。由此产生了两个问题：一个问题是现有的天然气管网能否用于输送 H_2。我国已经有超过 4200km 的长输天然气管道，如果能将这些管道用于掺氢输送，则可以节省大量的投资，并提高基础设施的利用率。另外一个问题是新建的氢气输运管道应该满足哪些技术条件，从材料的角度、设计制造、运行维护方面应该提出哪些有针对性的要求。

在技术方面，管材与 H_2 长期接触，氢会侵入材料内部，导致金属材料出现减损、裂纹扩张速度加快和断裂韧性的下降。将两根 S30408 钢管放在 87.5MPa 的 O_2 中试验，会产生杯锥状的断口，这是典型的韧性断裂；而将其放在 87.5MPa 的 H_2 中，会发生脆性断裂。由于 H_2 的存在，金属疲劳的速度会加快，疲劳寿命缩短，裂纹扩张速度加快，导致材料的氢脆。对于氢脆的研究，我们希望能够获得材料在真实气体环境中的性能。由于有纯氢，也有掺氢的天然气，因此在研究条件的创造上，应采取不同的技术路线。对于纯氢，利用纯氢的环境开展试验；对于掺氢的天然气，有的在 N_2 里掺氢来代替天然气掺氢，还有的利用真实的天然气掺氢开展相关的研究。研究发现，在天然气管网运行的工况下，掺氢对目前常用材料（如 X70、X80、X52）的抗拉强度影响不大，但还是会导致材料的抗韧性断裂性能和抗疲劳性能下降。这会导致材料对缺陷的敏感性加大。如果有同样的缺陷，在同样的工况下，就有可能导致管道使用寿命下降。由于掺氢天然气是一种混合物，除了 CH_4、H_2 以外，还有水分、CO_2、O_2 等多组分的情况，这些组分有的会加剧材料生成裂缝，有的会延迟或者阻碍材料的裂缝生成，这就需要去研究不同的组分对裂化性能的影响。例如，天然气中的 CO_2 如果和 H_2 一起发生协同作用，会使碳素钢等材料的疲劳裂纹扩张速率高于在纯 H_2 中的疲劳裂纹扩张速率。

因为掺氢天然气是一种混合物，需要人们研究各种组分对材料性能影响最大的工况。同样，H_2 还会对金属的性能产生影响，主要是发生氢损伤和氢的渗漏。除了材料之外，我们还要关注设备对 H_2 或者掺氢天然气的适应性。管路里涉及压缩机、加气机、阀门、密封接头等，这些设备对 H_2 或者掺氢天然气的适应性如何，同样需要加强研究。此外，由于 H_2 分子小，容易泄漏，而漏之后其扩散速度快，这就需要研究它的泄漏、扩散、爆炸的特点。

H_2 或掺氢天然气通过管道输运到户，并作为生活、生产的清洁能源是否可行，还存在哪些问题？迄今为止，荷兰、英国、德国、法国、澳大利亚、中国等国家先后开展了多个掺氢天然气管道输送系统应用示范项目。2004 年，在欧洲委员会的支持下，国际上首次开展了"NATURALHY"项目，将 H_2 注入高压天然气输送管线，并通过配送管网输送至最终用户。该项目较为系统地研究了天然气管道掺氢对包括天然气输送、配送及用户终端在内的整个系统的影响，为后续的掺氢天然气管道输送系统示范应用项目创造了良好的开端。2017 年，英国开展了"HyDeploy"项目，向英国基尔大学专用天然气网络和英国北部天然气网络注入 H_2，为住宅、教学楼、企业等供气，探索在不影响终端用户安全或不改装设备的情况下将 H_2 混合到英国天然气网络中的可行性。2020 年，澳大利亚开展了

"WSGG"项目，利用风/光电来电解水制氢，并将部分 H_2 注入 Jemena 公司的新南威尔士州天然气网络，为当地居民供暖。2019 年，我国国家电力投资集团有限公司与浙江大学合作，在辽宁省朝阳市开展了掺氢天然气管道安全关键技术验证示范项目，进行电解水制氢 – 天然气掺氢 – 工业级民用用户供能示范，为未来 H_2 通过管网运输提供经验。

目前，H_2 或掺氢天然气管道输运到户存在的主要问题有：管材及其焊接接头与纯氢/掺氢天然气相容性、纯氢/掺氢天然气管道抗氢脆设计制造技术、纯氢/掺氢天然气管道运维安全保障技术（如安全状态监测检测和评价技术、完整性管理技术等）有待提高，缺少纯氢/掺氢天然气管道技术实证平台。当前有人认为天然气掺氢不超过 10% 输运就是安全的，但很多学者认为这样的说法是不科学的。天然气掺氢面临的主要安全问题是氢脆，材料长期处于临氢环境中易发生塑性降低、疲劳裂纹扩张速率加快、断裂韧性降低等性能劣化现象，更有甚者会引发管道过早失效，危及管网运行安全。掺氢天然气在实际输运过程中工况较为复杂，且在掺氢环境下，材料氢脆影响因素较多，与掺氢比、掺氢天然气成分、应力状态、管网原始状态等均相关，不能简单地通过掺氢比这个参数来判断是否可以安全掺氢输运。

8.4.2　氢衍生品形态输运

专家们已经设计并试验了没有 H_2 的氢输送系统，即首先将氢转化为某种液体形式，如环己烷、甲醇、氨等，然后将这些液体送到用户，就地制氢，从而实现氢的高效输运。当然要根据具体情况进行详细技术经济论证后，才能决定是否采用。

知名能源专家刘科在围绕"碳中和误区及其现实路径"做演讲时指出，100 多年前就已经有了电动车，但为何并未取代燃油车？一方面是能量密度和基础设施的问题，液体燃料的能量密度高，液体能源可以通过管路在陆地上输送，也可以非常便宜地跨海输送，而且人类已建成遍布全球各地的液体燃料加注设施；另一方面是量产成本与污染的问题，电池中使用的重金属（镍、钴、铅、镉等）易造成生态污染，而电池回收技术还有待进一步发展。

氢能优势明显，发电效率高，能降低人们对石油的依赖，最终排放为水蒸气，而且大规模量产后燃料电池成本能下降。但同时，氢能存在储氢运氢成本高、安全隐患大、基础设施投资高昂等问题。氢能汽车尚未实现产业化的根本原因是 H_2 不适合于作为大众使用的能源载体。尽管制氢容易，但储氢、运氢有难度。

刘科提出，甲醇是非常好的液体储氢、运氢载体。甲醇可以由煤、天然气制备。我国现在甲醇产能全世界最高，为 8000 多万 t/a，接近汽油 1/4 的产量。另外，页岩气的开采揭示了全球范围内足够使用 100 多年的天然气储量，预示着甲醇的供应也将充足，可满足未来 100 多年的需求。未来也可以用太阳能制甲醇，生产过程完全是绿色的。当前，甲醇加注站已经在全国多个省市示范成功，现有加油站通过简单改造即可完成，储运基本成熟；甲醇水溶液的储运等同于储运 64%（质量分数）的酒精，相关技术更为成熟；同时，地下停车场也可以自行搭建甲醇氢能发电系统，无须进行电网扩容，就可以实时发电，供给充电桩电力。

对于氢的储存运输难题，中科院大连化学物理研究所研究团队就采用 CO_2 加氢制甲醇进行储存氢能。2020 年 1 月，该团队研发的全球首套规模化液态太阳燃料合成项目一次性试车成功。该项目采用 10MW 光伏电解水制氢，并用氢与从化工企业收集来的 CO_2 合成甲醇。

利用可再生能源制甲醇，然后进行分布式发电，可以使用甲醇氢能分布式能源替代使用柴油机的场景，与光伏、风能等不稳定可再生能源形成多能互补。

8.4.3　氢 – 电共同输送

现在有研究人员大胆设想氢 – 电共同输送，渴望大幅度提高能量输送效率。该设想是在特大规模的太阳能发电中心，人们先利用太阳能光电或太阳能热电获得大量的电力，再利用这些可再生能源获得的清洁电力来电解水制氢，继而液化 H_2，得到液态氢。利用多层同轴电缆，同时输送液态氢和电。电缆中心输送液态氢，同时利用液态氢的极低温度保持外层金属处于超导状态，因为没有电阻，电流通过就不会发热，就能大规模输送电，也大大减少了输电的损耗。同轴电缆的最外层是隔热、绝缘的防护层。有专家预测，利用我国西北沙漠发展太阳能电厂，同时生产液态氢和电，然后输送到我国东部沿海地区。设想一旦实现，会大大改变我国的能源格局。

8.5　氢的加注

加氢站是给燃料电池汽车提供 H_2 的燃气站，对于燃料电池汽车产业来说，这是对实现商业化运营十分重要的基础设施。1999 年 5 月，一座氢燃料电池汽车加氢站在德国慕尼黑国际机场建成，这是世界范围内第一座用于商业的加氢站。在相关网站上，可以查询到全球加氢站的年度评估报告。据报告统计，截至 2024 年年底，全球共有约 1160 座加氢站投入运营。欧洲共有 294 座，其中 113 座位于德国；法国位居欧洲第二，拥有 65 座加氢站；其次是荷兰（25 座）和瑞士（19 座）。亚洲共有 748 座。位于亚洲的加氢站数量已远超欧洲，其中韩国共有 198 座加氢站投入运营，日本则有 161 个加氢站可供车辆加氢。北美地区去年新增了 13 座加氢站，其中加拿大新增 4 座，总数量达到 12 座。美国新增了 9 座加氢站，但有 12 座停止运营，使运营中的加氢站数量降至 89 座，其中，74 座位于加利福尼亚州。据此可看出，日、德、美 3 国在氢能源与燃料电池领域居于全球领先地位。日本在建设氢能社会和发展燃料电池汽车、家用燃料电池等领域处于世界领先地位。日本于 2014 年发布了建设氢能社会的路线图，2017 年发布了氢能发展战略，明确了 2020 年和 2030 年的战略发展目标。日本将该国的《高压气体保安法》作为制定安全利用氢能标准的依据。日本的加氢站一般建在交通便利、方便用户的地段，或在人口稠密处或在交通要道上。日本允许在加油站内建设加氢站，即油氢混合站，还允许加氢站内建设集装箱式天然气或以丙烷为原料的制氢装置，即在线制氢加氢站。加氢站内既有大容量高压储氢瓶，也有高压压缩机、H_2 接卸设施。加氢站与周边建筑物的安全距离要求符合《高压气体保安法》的规定，并且与居民住宅及各类公共设施的距离不小于 8m，加氢站和民宅、公共设施设置厚 10cm 的隔离墙。尤其值得一提的是，我国加氢站发展迅速，截至 2024 年年底，我国已建成了 384 座加氢站。

现有的加氢站加氢技术大体上为两种：液态氢加氢技术和压缩 H_2 加氢技术（广泛应

用于商业及民用）。而由于 H_2 来源的不同，加氢站又可分为两种：离站式加氢站和在站式加氢站。当前全球大多数加氢站为在站式，但是制氢方式各不相同，常见的有通过电解水制氢、天然气或甲醇重整制氢以及工业副产氢等。虽然加氢站的工作方式、加氢能力有所不同，但大体上都包含有 H_2 制造系统和纯化系统（在站式、离站式为输送系统）、H_2 压缩系统、H_2 存储系统、H_2 加注系统以及控制系统等。

一般 H_2 加注需要利用高压 H_2 为原料，故以下主要介绍压缩 H_2 的加氢站。在站制氢主要有两种方式：天然气蒸汽重整和水电解制氢。两种制氢加氢站举例见表 8-2 和表 8-3。可以看出，目前国外已有的加氢站主要以水电解制氢为主，少部分采用天然气蒸汽重整制氢。其中，PEM 电解水制氢的产氢压力通常大于 3.5MPa，很容易提升至 4MPa，因而 PEM 电解水生产的 H_2 不需额外的加压过程。

表 8-2　天然气蒸汽重整制氢加氢站举例

建站地点	燃料类型	建站日期	补充说明
美国内华达州（拉斯维加斯北 65km）	压缩 H_2	2002 年 11 月 5 日开始运行	该站可最多供给 27 辆汽车（平均每车功率 50kW）；基于 H_2 发动机自热重整（ATR）在阿伦敦（Allentown）气体实验室经过了测试
日本大阪和高松	压缩 H_2	2001～2003 年	该加氢站同时采用一个天然气蒸汽重整制氢系统和一个水电解制氢系统。每个系统都可以达到 30Nm³/h 的产气量
德国斯图加特	压缩 H_2	2003 年	站上天然气蒸汽重整制氢
比利时卢森堡	压缩 H_2	2003 年	站上天然气蒸汽重整制氢

表 8-3　水电解制氢加氢站举例

建站地点	燃料类型	建站日期	采用技术	补充说明
美国加利福尼亚州埃尔塞贡多	压缩 H_2	1995 年开始运行	集合了 Praxair 燃料系统，PVI 光电公司技术和 Stuart Energy 公司的水电解制氢加氢站系统。燃料通过太阳能和水，在站上制得，其制氢和压缩系统都是 100% 的独立系统，不受制于电网系统	—
美国加利福尼亚州千棕榈	压缩 H_2	2000 年 4 月开始运行	Stuart Energy 公司的加氢站系统	水电解制氢，H_2 压缩到 34.5MPa；每小时生产 1400SCF 的 H_2
美国加利福尼亚州托兰斯	压缩 H_2	2001 年 7 月 12 日开始运行	利用太阳能进行 H_2 生产和加注站技术	利用备用网电电解
美国加利福尼亚州托兰斯	压缩 H_2	2003 年开始运行	丰田公司美国总部在托兰斯利用 Stuart Energy 公司的 H_2 加注站技术	水电解制氢，每天产氢 24kg
美国加利福尼亚州千棕榈	压缩 H_2	1994 年开始运行	Teledyne Energy 公司的水电解制氢系统	通过水电解得到 3600psi[①] 的 H_2。每小时可以生产 42SCF[②] 的 H_2

（续）

建站地点	燃料类型	建站日期	采用技术	补充说明
美国加利福尼亚州里士满	压缩 H_2	2002 年 10 月 30 日开始运行	—	—
美国亚利桑那州菲尼克斯	压缩 H_2	2001 年开始运行	Proton Energy 公司的 HOGENPEMFC 水电解技术	—
德国汉堡	压缩 H_2	1999 年 1 月 12 日开始运行	—	100% 的 H_2 燃料，利用绿色环保电力就地水电解制氢
德国慕尼黑	压缩 H_2、液态氢、液态氢转换为压缩 H_2	1999 年 5 月～2001 年	—	液态氢由 Linde 公司提供。气态氢由一个增压水电解器生产，或者由液态氢汽化得到
德国柏林	液态氢及压缩 H_2	2002 年 10 月 23 日开始运行	—	Linde 公司提供液态氢，Proton Energy 公司的水电解系统制造压缩 H_2
瑞典斯德哥尔摩	压缩 H_2	2003 年开始运行	Stuart Energy 公司的智能化 H_2 加注站设计	欧洲洁净城市交通公交车计划

①　1psi=6894.76Pa。
②　SCF 为标准立方英尺，1SCF=0.0283168Sm³（标准立方米）。

以现有技术为依据，美国 GM 公司对典型的现场制氢过程进行了经济评估，结果见表 8-4。由表中数据可以看出，在 4 种制氢转化过程中，以天然气转化现场制氢工艺的经济性最好，电解水最贵。但是考虑到燃料电池汽车对 H_2 质量苛刻的要求，目前国外已有的加氢站主要以水电解制氢为主。

表 8-4　美国 GM 公司对典型的现场制氢过程的经济评估结果

制氢工艺	生产成本（美元 /t）
天然气转化	4400
汽油转化	5000
甲醇转化	4530
电解水	12120
目标价格	2000～3000

8.5.1　天然气蒸汽重整制氢加氢站基本流程和系统及主要设备

1. 基本流程

标准的天然气蒸汽重整制氢加氢站的基本流程示意图如图 8-2 所示。为了表达简洁，图 8-2 省略了各个部分之间的连接阀门和控制部分。此外，在重整反应器和变压吸附（PAS）装置的前后都应装有阀门及切换开关，以便在紧急情况时切换到备用的水电解制氢装置或膜分离 H_2 提纯系统（图中未标明），保证系统稳定、可靠运行。

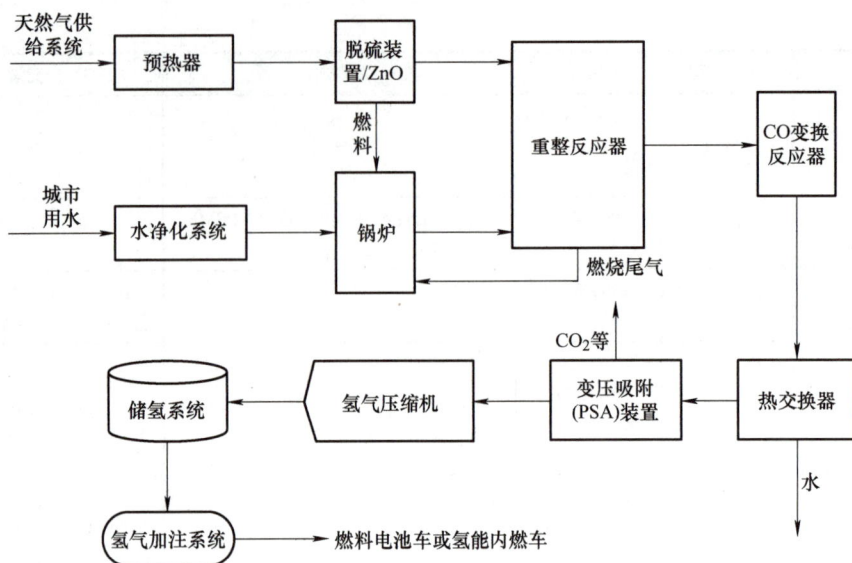

图 8-2　天然气蒸汽重整制氢加氢站基本流程示意图

2. 系统及主要设备

（1）天然气供给系统（Natural Gas Feed System）　该系统包括如下组件：天然气压缩机、电动机、手动关闭阀门、天然气控制阀门。

（2）脱硫装置　城市天然气含有的最常见的杂质是硫，特别是用来增添气味的硫醇合成剂。硫可以形成镍－硫化物，会毒害重整催化剂，为了减少毒害影响，天然气含硫量必须小于或等于 1×10^{-6}（示范工程对于加氢站的设计要求是 0.1×10^{-6}）的水平，所以天然气首先需经过脱硫装置净化。

1）活性炭吸附法：使天然气通过活性炭层，利用活性炭的吸附作用将天然气中的 H_2S 脱除。

2）钴钼加氢与 ZnO 吸附法：由于天然气中可能含有一定量的有机硫，需要将有机硫转换成无机硫然后去除，在钴钼或者镍钼催化剂的作用下，有机硫会与 H_2 发生如下反应：

$$R—SH+H_2 \longrightarrow R—H+H_2S$$

这一反应的温度在 400℃左右。

将加氢后的天然气通过装有高比表面积的氧化锌固定床层，发生如下的吸附反应：

$$ZnO(s)+H_2S(g) \longrightarrow ZnS(s)+H_2O(g)$$

NO_x 可通过以氨作为还原剂的选择催化还原过程脱除。有时天然气会含有微量氯化物，通常可以通过 Al_2O_3 去除。

（3）重整反应器　这是整个系统的最重要的组成部分。这里只介绍加氢站所采用的蒸汽重整法及其反应装置。蒸汽重整制氢是一种成熟的工艺，在合成氨工业中的制氢中广泛使用。其反应过程如下：

天然气与蒸汽在 $Ni-Al_2O_3$ 催化剂条件下反应生成 H_2：CO=3：1 的合成气，即

$$CH_4 + H_2O \longrightarrow CO + 3H_2 \qquad \Delta H = 206kJ/mol$$

除了 CH_4 的蒸汽重整外，还发生以下的副反应：

$$CO + H_2O \longrightarrow CO_2 + H_2 \qquad \Delta H = -41kJ/mol$$

整个反应是强吸热的反应，需要提供反应所需的热量。在合成氨工业的制氢中，一般使用燃气燃烧火焰来加热转化炉管，提供反应所需要的热量。典型的蒸汽转化炉简图如图 8-3 所示。

这种采用燃烧火焰的转化炉火焰温度超过 1400℃，对于转化炉管束的材料有很高的要求。同时由于燃烧的高温，会有 NO_x 产生。

为了降低 NO_x 排放并且使反应器的结构紧凑，可以使用催化燃烧产生的热量来提供蒸汽转化所需的反应热。催化燃烧放热比较温和，反应温度约为 1100℃，NO_x 产生的量大大减少。

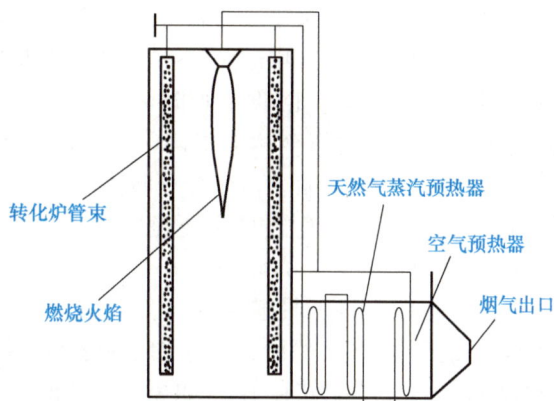

图 8-3　典型的蒸汽转化炉简图

利用催化燃烧加热的紧凑转化炉简图如图 8-4 所示。

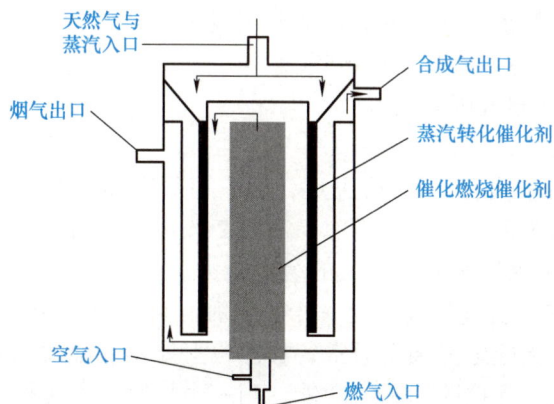

图 8-4　利用催化燃烧加热的紧凑转化炉简图

（4）热交换器

1）重整冷却器：重整蒸汽通过水－气转换器冷却到 450℃。变速鼓风机为冷却器提供冷却用的空气。重整冷却器是壳 – 管热交换器，它带有奥氏体型 S31608（牌号为 06Cr17Ni12Mo2）耐热钢制的散热片，外部的壳是含有冷却空气的一个薄的金属套。

2）冷凝器：冷凝器是将横向流动的空气作为冷却流体的不锈钢凸片管。

3）冷却风扇和鼓风机。

（5）水净化系统　提供给甲烷蒸汽转化系统用来生成蒸汽的用水量大约是 1 ~ 1.5L/min。城市用水中通常含有的钙离子和氯离子，在重整系统处于高温时，会毒化、腐蚀重整和变换反应的催化剂。用来生成蒸汽的水在提供给重整系统之前，必须除去其中的离子。水净化系统可以用去离子装置实现，该装置包括碳滤器和去离子交换柱。去离子交换柱是一个装满去离子树脂的、按固定的周期工作的容器。

（6）变压吸附（PSA）装置　用变压吸附法可以吸附混合气中的杂质气（CO_2、N_2、CH_4 等），达到纯化气体的目的，国内变压吸附技术提纯 H_2 的技术已经十分成熟。

变压吸附制氢装置吸附压力一般在 0.6 ~ 3.0MPa 范围内，采用多塔变压吸附工艺实施。吸附时间的确定根据吸附杂质的穿透曲线，若在穿透点之前结束吸附操作，吸附床出口端就有一部分吸附剂尚未充分利用，然后将该床与一个完成解吸并等待升压的吸附床相连，使两床压力均衡（称为均压）。这样既回收了吸附床中的 H_2，又利用了其中的能量。一般来说，均压的次数增加，H_2 的回收率会相应提高，但吸附床数量、吸附剂数量、程控阀数量也要相应增加，导致装置投资增加。多床变压吸附工艺中应用最广的是 4 塔 2 次均压流程，即一个吸附塔在一次吸附 – 再生循环中要经历 9 个步骤，4 个吸附塔所经历的工作步骤相同，只是在时序安排上错开 1/4 的周期。

（7）氢气压缩机　现在的某些交通工具通常将天然气以压缩的形式储存在 20.68 ~ 24.82MPa（3000 ~ 3600psi）的压力下。然而，由于 H_2 的密度比较低，以氢为燃料的燃料电池交通工具一定在更高的压力下压缩储存 H_2，如 34.47MPa（5000psi）或更高，以便储藏系统可以更容易地被安装在交通工具中。

（8）加氢站储氢系统　加氢站储氢系统由若干个圆柱形高压气瓶构成，分成几级压力，以便分级充压，最高的压力通常需要超过车载氢瓶内的压力，这是由于 H_2 的充压是一级放热过程。缓冲储氢系统的容量由几个方面因素决定：

1）运输车辆的数量与规模及加注间隔。

2）车载氢瓶与缓冲储氢罐的压差。

3）车载氢瓶的 H_2 输运能力。

虽然缓冲罐压力由车载 H_2 压力所决定，但它对每次加注所需时间也有影响。如果采用的是加氢站制氢，出于运行成本的考虑，需要 24h 运转，而晚间加氢的车辆稀少，生产的 H_2 富余量大，这就要求储氢罐有较大的缓冲能力。

（9）氢气加注系统　氢气加注器是一个相对独立的装置，类似于压缩天然气加注器，但操作压力更高，安全措施更复杂。通常，加注枪上要安装温度和压力的传感器，并且具有过电压保护、遥控切断和拉脱切断的功能。当一个加氢站为两种不同储氢压力的燃料电池汽车提供服务时，还必须使用不可互换的喷嘴。加注器的设计还要应用故障模式和效应分析以及过程危险性分析程序。

美国阳光车道（Sunline）运输公司采用了加油技术公司（Fueling Technologies, Inc）HYDH5210 型氢 /Hythane 分发器，其带有一个质量流量计，一个 Hythane 混合器及两个快速充油软管。

8.5.2　水电解制氢加氢站基本流程和系统及主要设备

1. 基本流程

标准的水电解制氢加氢站的基本流程示意图如图 8-5 所示。

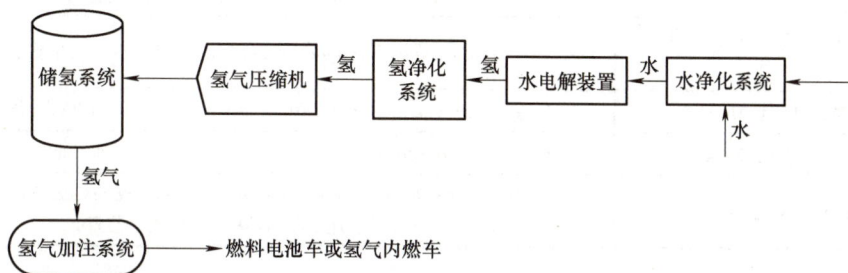

图 8-5　水电解制氢加氢站的基本流程示意图

2. 系统及主要设备

和天然气蒸汽重整制氢加氢站相比，水电解制氢加氢站要简单得多。氢气压缩机、储氢系统、氢气加注系统与天然气蒸汽重整制氢加氢站的基本流程大致相同，只要对水电解制氢加氢站提供制氢用蒸馏水和电能即可顺利进行 H_2 加注。

8.6　氢能的标准

氢能大规模应用的一大挑战是标准，我们需要加快制定纯氢管道以及掺氢管道的标准。对于氢能管道，应有相关的材料选用，管道设计、建造、运行、维护，管道密封、管道风险评估、定期检验等指导性文件。我们国内到目前为止还没有完整的氢能管道输送的标准，只是在一些相关的标准里给出要求，例如《氢气储存输送系统》第 1 部分、第 2 部分、第 3 部分（GB/T 34542）以及《加氢站技术规范（2021 年版）》（GB 50516—2010）中对氢能管道提出了一些规范要求。要实现稳定可靠的氢能或者掺氢天然气的管道输送，我们还面临着诸多的挑战，需要各位相关从业者一起努力，推进相关技术进步。

8.6.1　国外氢能标准

国外制定有关氢能技术标准的活动十分活跃，特别是美国、欧盟、日本等发达国家（或地区）都很重视氢能技术标准的制定，以及与技术的同步协调发展工作，也非常注重国际合作并极力将本国氢能技术标准国际化。发达国家的标准体系已日趋完善，发达国家介入氢能的标准组织主要有国际标准化组织（ISO）、国际电工委员会（IEC）、美国机械工程师协会（ASME）、氢能法规和标准协调委员会（HC-SCC）、加拿大标准协会（CSA）、电气与电子工程师协会（IEEE）、国际法规理事会（ICC）、美国机动车工程师协会（SAE）、美国保险商实验室（UL）、英国标准协会（BSI）、日本工业调查委员会（JSA）等。其中，著名的国际标准化组织（ISO）和国际电工委员会（IEC）均分设有关氢能的技术委员会，即 ISO/TC197 氢能技术委员会和 IEC/TC105 燃料电池技术委员会，其颁布的标准分别见表 8-5 和表 8-6。

表 8-5　ISO/TC197 氢能技术委员会颁布的标准

标准号	标准名称
ISO 13984：1999	*Liquid hydrogen–land vehicle fuelling system interface*（液态氢 – 地面交通工具燃料添加系统接口）
ISO 14687：1999/Cor1：2001（修正文件）	*Hydrogen fuel–product specification*（氢燃料 – 产品规范）
ISO/PAS 15594：2004	*Airport hydrogen fuelling facility operations*（机场加氢燃料设备的操作）
ISO/TR 15916：2004	*Basic considerations for the safety of hydrogen systems*（氢系统安全的基本要求）
ISO 17268：2006	*Compressed hydrogen surface vehicle refuelling connection devices*（压缩氢地表车辆燃料添加的连接装置）

表 8-6　IEC/TC105 燃料电池技术委员会颁布的标准

标准号	标准名称
IEC/TS 62282-1（2005-03）	*Fuel cell technologies–Part 1：Terminology*（燃料电池技术 – 第 1 部分：术语）
IEC 62282-2（2004-07）	*Fuel cell technologies–Part 2：Fuel cell modules*（燃料电池技术 – 第 2 部分：燃料电池模块）
IEC 62282-3-2（2006-03）	*Fuel cell technologies–Part 3-2：Stationary fuel cell power systems– performance test methods*（燃料电池技术 – 第 3-2 部分：固定燃料电池动力系统的性能测试方法）
IEC/PAS 62282-6-1（2006-02）	*Fuel cell technologies–Part 6-1：Micro fuel cell power systems–safety*（燃料电池技术 – 第 6-1 部分：微型燃料电池动力系统安全）

8.6.2　国内氢能标准

国内氢能标准是指在我国氢能产业领域制定的一系列技术规范，这些标准涵盖了氢能的制备、储存、输运、应用等方面，旨在推动氢能产业的健康发展，提高氢能技术的安全性和可靠性。以下介绍国内氢能标准的相关内容。

1. 氢能制备标准

氢能制备标准主要包括 H_2 品质、H_2 制备方法、设备性能等方面的要求。其中，H_2 品质标准规定了 H_2 的纯度、杂质含量等指标，确保制备的 H_2 满足下游应用的需求。H_2 制备方法标准包括水电解制氢、光解水制氢、天然气蒸汽重整制氢等，这些标准规定了各种制备方法的工艺流程、技术要求、能耗和环保指标等。设备性能标准则对 H_2 制备设备的设计、制造、安装、调试、运行等方面提出了具体要求。

2. 氢能储存和输运标准

氢能储存和输运标准主要包括高压储氢容器、车载氢瓶、液氢容器、氢能管道、加氢站等方面的要求。高压储氢容器和车载氢瓶标准规定了容器的材料、结构、密封、安全阀等方面的要求，确保储存和输运过程中的安全性。液氢容器和氢能管道标准对液氢储存和输运设备的设计、制造、安装、运行等方面提出了具体要求。加氢站标准规定了加氢站的设计、建设、运行、安全管理等方面的要求，确保加氢站的安全性和可靠性。

3. 氢能应用标准

氢能应用标准主要包括燃料电池、燃料电池汽车、氢能发电、氢能供热等方面的要求。燃料电池和燃料电池汽车标准规定了燃料电池的设计、制造、性能、测试等方面的要求，以及燃料电池汽车的整体性能、安全、环保等指标。氢能发电和氢能供热标准则对氢能发电和供热系统的设计、建设、运行、安全管理等方面提出了具体要求。

4. 氢能安全标准

氢能安全标准主要包括 H_2 泄漏检测、H_2 爆炸危险性评估、氢能设备安全防护等方面的要求。H_2 泄漏检测标准规定了 H_2 泄漏检测设备的设计、制造、性能、测试等方面的要求，确保及时发现 H_2 泄漏。H_2 爆炸危险性评估标准对 H_2 爆炸危险性评估的方法、流程、指标等进行了规定，为氢能设备的安全设计提供依据。氢能设备安全防护标准则对氢能设备的安全防护措施、应急预案等方面提出了具体要求。

5. 氢能环保标准

氢能环保标准主要包括氢能制备、储存、输运、应用过程中的排放物处理和资源综合利用等方面的要求。排放物处理标准对氢能设备排放的废气、废水、固体废物等进行了规定，确保排放物达到国家和地方环保要求。资源综合利用标准则对氢能制备、储存、输运、应用过程中的副产品、废弃物的资源化利用提出了具体要求。

我国与 ISO/TC 197 氢能标准化技术委员会的对口工作主要由中国标准化研究院的标准资源与环境标准化研究所负责；IEC/TC 105 燃料电池技术委员会的对口工作由大连新源动力股份有公司负责。自 1985 年《氢气使用安全技术规程》（GB 4962—1985）发布以来，我国已有数十年有关氢能标准化的历史，已发布的标准包括产品、安全使用、加氢站设计、制氢及储氢等方面的测试方法和技术条件等（见表 8-7），我国已初步建立氢能标准体系。

表 8-7　我国部分氢能标准

标准号	标准名称
GB 4962—2008	《氢气使用安全技术规程》
GB/T 3634.2—2011	《氢气 第 2 部分：纯氢、高纯氢和超纯氢》
GB/T 16942—2009	《电子工业用气体 氢》
GB/T 19773—2005	《变压吸附提纯氢系统技术要求》
GB/T 19774—2005	《水电解制氢系统技术要求》
GB/T 20042.1—2017	《质子交换膜燃料电池 第 1 部分：术语》
GB 50177—2005	《氢气站设计规范》
GB/T 40060—2021	《液氢贮存和运输技术要求》
GJB 5064—2004	《水电解制氢安全要求》

　　尽管目前我国在氢能有关技术上不处于领先地位，但是在国家的大力支持下，我们有足够的技术能力把不同氢能技术的产业连接起来，把氢能用起来。我国有很强的科研能力，同时企业也有应用新科技的热情。根据锂电与光伏产业的发展经验判断，我国有希望在短时间内做到世界领先。

第9章

燃料电池

我国的石油及天然气的对外依赖度分别达到 70% 和 40%（体积分数）以上，这样的现状不能满足能源安全的基本需求。此外，我国能源体系以化石能源为主，碳排放压力巨大，不利于实现"碳达峰碳中和"目标。将氢能纳入终端能源体系，与电力协同互补，未来将使氢能成为终端主体消费能源，推动能源清洁低碳高效利用。氢是燃烧时不会产生大气污染物的清洁燃料，而且它可以从各种氢源中大量生产。作为能源的氢，化学活性高，用作燃料电池的燃料能够实现高效率的能源转换。另外，可以将氢能燃烧产生的高温气体的压力转变成旋转力以及推力，使其作为内燃机以及燃气轮机、火箭等的燃料使用。氢的优越性使得它可以作为汽车、其他的各种输送工具及发电装置的燃料，具有广泛应用的可能性。

要想大幅降低氢能产业成本，实现氢能汽车产业，那么燃料电池是最核心部分。实现燃料电池汽车的产业化，要实现关键材料与部件的批量生产，大幅度降低燃料电池车、加氢站建设和氢源的成本。降低燃料电池电堆的成本，一是提高电堆的相对密度；二是实现关键材料如电催化剂、质子交换膜、层叠双极板与膜电极三合一组件和电堆批量生产；三是依据工况和电堆适宜的运行条件制定控制策略，确保电池系统的可靠性与耐久性；四是减少燃料电池的极化损失，提升质子交换膜燃料电池（PEMFC）的性能。燃料电池技术的突破迫在眉睫，燃料电池的产业化从某种意义上说，并不是简单的材料问题，也不是简单的工程问题，更不是简单的应用问题，它是真正的系统工程问题，任何一个单一的领域突破和发现都不能完全解决这个问题。同时，从上游的材料研发、产业化到终端的应用过程，涉及非常多层级的工程验证，这些工程验证中的密切配合是非常重要的。除了将氢能与质子交换膜燃料电池结合，还有将氢能作为内燃机、燃气轮机、固体氧化物燃料电池（SOFC）的燃料等多种便宜、可靠的用法。美国在发展发电技术与固体氧化物电解池制氢技术方面领先，已实现商业化应用。目前，我国近年来相继出台相关重大部署，但是相关技术研发周期长，更需要恒心、定力，以及大量科研经费支持，更需要科学家和企业家进行合作。

本章通过介绍了燃料电池的分类和特点，说明碱性燃料电池、质子交换膜燃料电池、直接甲醇燃料电池的基本原理；阐明当前我国在氢燃料电池上的加快节能降碳先进技术研发和推广应用，以及燃料电池的发展现状和应用前景。

9.1 燃料电池的分类和特点

根据使用的电解质的不同，燃料电池可以分为强碱型（AFC）、固体高分子型（PEFC）、磷酸型（PAFC）、熔融碳酸盐型（MCFC）、固体氧化物型（SOFC）和直接甲醇型（一种固体高分子型，DMFC）。不同的燃料电池，操作温度、特性及用途也不同。80℃以下的强碱型和固体高分子型的低温型燃料电池最适合车用和移动体用，另外，由于固体高分子型适于批量生产，因此也可作为家庭用燃料电池使用。200℃的磷酸型和650℃以上的熔融碳酸盐型及固体氧化物型高温型燃料电池适用于热和电同时使用的热电联产。其中，高温固体氧化物燃料电池燃料适应性强，可使用 H_2，不要求高纯度，特别是可直接使用各种含碳燃料（天然气、生物质气、汽油、柴油、乙醇等），发电效率高，应用前景广泛，目前在固定式发电应用领域表现突出。直接甲醇型输出功率小、效率低，但因其能实现超小型化，适用于移动电子设备等。

燃料电池具有以下的特点：

1）能量转换效率高　燃料电池能量转换效率比热机和火力发电的能量转换效率要高得多。无论是热机还是它带动的发电机组，其效率都受到卡诺循环效率的限制。目前汽轮机或柴油机的效率最大值仅为 40% 或 50%，当用热机带动发电机发电时其效率仅为 35% ～ 40%。而燃料电池理论上能量转换效率在 83% 以上。在实际应用中，考虑到综合利用能量时，其总效率有望在 80% 以上。其他的物理电源，例如，温差电池的效率为 10%，太阳电池的效率为 20%，无法与燃料电池相比。

2）大气污染少　燃料电池作为大、中型发电装置使用时，它与火力发电相比，突出的优点是大气污染少。

3）可应用于特殊场合　对氢氧燃料电池而言，发电后的产物只有纯净水，所以在载人飞船等航天器中产物可用作宇航员的饮用水。燃料电池无可动部件，操作时很安静，因此在一些特殊应用领域中是至关重要的。

4）可靠性高　燃料电池的特点还在于具有高可靠性。这主要体现在，燃料电池发电装置是由若干个电池堆叠成电池组构成的。由单个电池串联的电池组并联后即可得到整个发电装置的规模。例如，用于阿波罗（Appollo）登月飞船的电池组由 31 个单电池串联，电池电压为 27 ～ 31V。这些电池组合是模块结构，构成发电系统运转和维护的基本单元，故维护十分方便。

燃料电池的可靠性还体现在，即使处于额定功率以上过载运行，或低于额定功率运行，它的效率都变化不大。当负载有变动时，它的响应速度也快。燃料电池无可动部件也是其可靠性高的原因之一。

5）燃料电池的比能量高　随着工作时间的延长，燃料电池的比能量高的优点更加突出。这是因为，对于封闭体系的电池（如镍氢电池或锂离子电池），它与外界没有物质的交换，比能量不会随时间变化，但是燃料电池由于不断补充燃料，随着时间延长，其输出能量也就越多。

6）辅助系统　由于燃料电池需要不断地提供燃料，并移走反应生成的水和热量，因此需要一个比较复杂的辅助系统。特别是如果燃料不是纯氢，而是含有杂质或简单的有机物（诸如 CH_4、CH_3OH 等），就必须有净化装置或重整设备，此外还应考虑到能量综合利用的问题。这就是说，燃料电池必须和若干辅助系统组成一个体系才能工作。

9.2　燃料电池原理

9.2.1　碱性燃料电池

碱性燃料电池（AFC）的电解质为液体氢氧化钾或者液体氢氧化钠，通常工作温度在 50℃。它是获得应用最早的燃料电池。

20 世纪 50 年代，英国剑桥大学的 F. T. Bacon 教授用高压氢、氧气体演示了世界第一个功率为 5kW 的碱性燃料电池（AFC），工作温度为 150℃。随后建造了一个 6kW 的高压氢氧碱性燃料电池。进入 20 世纪 60 年代，美国联合技术公司把该系统进行了发展，成功地为阿波罗登月飞船提供电力。

碱性燃料电池的研究工作基本已在 20 世纪 80 年代末中止，因为碱性电解质液体氢氧化钾、氢氧化钠易与空气中的 CO_2 生成 K_2CO_3、Na_2CO_3，严重影响电池性能。在常规环境中除去 CO_2 有很大的困难，所以，现在碱性燃料电池基本已被 PEMFC 取代。

20 世纪 90 年代后期，德国西门子公司在原有的 AFC 基础上，将 8 个 6kW 氢 / 氧 AFC 电堆组合在一起构成 48kW 级 AFC 电堆，该电堆输出电压为 192V，输出电流为 250A，该公司还用 AFC 电堆装备了一艘德国潜艇。20 世纪 90 年代，德国卡尔斯鲁厄研究中心研制出以 AFC 作为动力的汽车，这是德国第一辆以燃料电池作动力的汽车，现陈列于德国奥海姆技术博物馆。常见的低温燃料电池的基本情况见表 9-1。

表 9-1　常见的低温燃料电池的基本情况

电池种类（简称）	工作温度 /℃	燃料气体	电解质	催化剂	主要缺点	应用情况
碱性燃料电池（AFC）	60～90	纯 H_2	碱性液体	银、镍、钴、锰等	空气中的 CO_2 中毒	基本停止
质子交换膜燃料电池（PEMFC）	80	纯 H_2，要求 CO 质量浓度 $<5 \times 10^{-6}$	特殊的固体聚合物	铂、钌等	用贵金属铂作催化剂	大量用于百千瓦级以下发电示范
直接甲醇燃料电池（DMFC）	80	液体甲醇	特殊的固体聚合物	铂、钌等	甲醇渗透、贵金属催化剂	用于百瓦级以下便携式发电
磷酸燃料电池（PAFC）	160～220	天然气、H_2	液体磷酸	铂、银	寿命不够长	数百台 200kW 级分布式电站示范

如图 9-1 所示为碱性燃料电池原理图。通常用氢氧化钾或氢氧化钠为电解质，导电离子为 OH^-，燃料为氢。

阳极反应：
$$H_2+2OH^- \longrightarrow 2H_2O+2e^-$$
标准电极电位为 $-0.828V$。

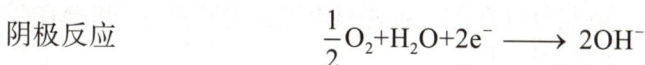

阴极反应
$$\frac{1}{2}O_2+H_2O+2e^- \longrightarrow 2OH^-$$
标准电极电位为 $0.401V$。

总反应：
$$\frac{1}{2}O_2+H_2 \longrightarrow H_2O$$

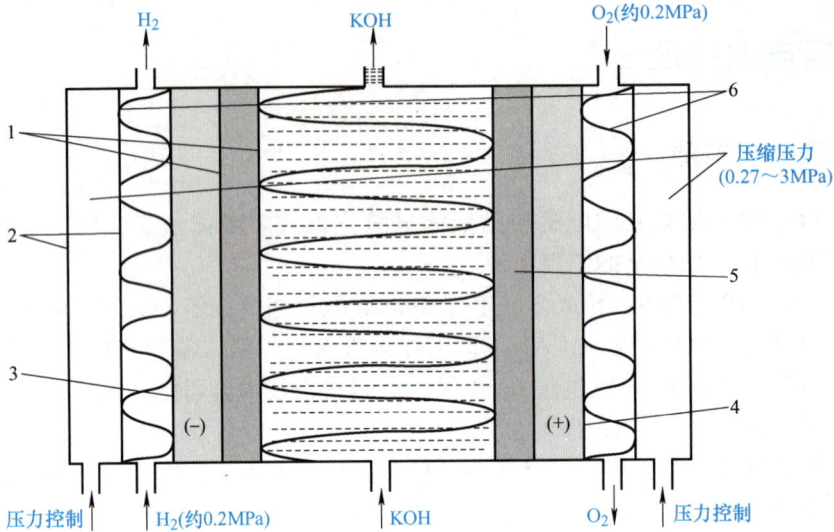

图 9-1　碱性燃料电池原理图

1—隔膜　2—连接片　3—阳极　4—阴极　5—电解质　6—支撑网

理论电动势为 $[0.401-（-0.828）]V=1.229V$。

AFC 的催化剂主要用贵金属铂、钯、金、银等和过渡金属镍、钴、锰等。AFC 的优点是：

1）效率高，因为氧在碱性介质中还原反应的效率比在其他酸性介质中的高。

2）因为是碱性介质，可以用非铂催化剂。

3）因工作温度低，且为碱性介质，所以可以采用镍板作为双极板。

AFC 的缺点是：

1）因为电解质为碱性，易与 CO_2 生成 K_2CO_3、Na_2CO_3，严重影响电池性能，所以必须除去 CO_2，这给其在常规环境中应用带来很大的困难。

2）电池的水平衡问题很复杂，会影响电池的稳定性。

9.2.2　质子交换膜燃料电池

质子交换膜燃料电池（PEMFC）的电解质是固体有机化合物，该类电池也称为聚合物电解质燃料电池、固体聚合物燃料电池。它通常在 80℃ 温度下工作。PEMFC 是迅速发展起来的起动最快、寿命最长、能量转换效率高、应用场景广泛的第 5 代燃料电池，也是现阶段燃料电池汽车厂商普遍采用的燃料电池技术。近年来，其装机容量及占全球燃料电池装机容量的比重逐渐升高。2022 年，我国交通运输领域燃料电池出货量为 594.1MW，占我国燃料电池出货量的 98.56%。由此可以看出，各燃料电池细分产品中，PEMFC 在我国发展领先，也推动了制造业的高质量发展进程。

20 世纪 60 年代初，美国通用电气公司发明了第一台 PEMFC，并首次将其应用于"双子星座"飞船，作为主电源。随后，美国杜邦公司成功开发含氟的磺酸型质子交换膜，使 PEMFC 的寿命超过了 57000h。美国通用电气公司采用内部加湿和增大阴极区反应压力的办法解决了 PEMFC 在工作过程中膜干涸问题。但仍存在两点不足：①贵金属催化剂用量太高（4mg/cm²）；②电池要达到可观的电流密度，必须以纯氧作氧化剂，因而限制了其应用。20 世纪 80 年代，加拿大巴拉德动力系统公司开始研究用空气代替纯氧，采用石墨极板和 Dow 化学公司研制的新型聚合物膜，开发出性能更高的 PEMFC 系统，其电流密度可达 4.3A/cm²，为燃料电池大客车提供燃料电池发动机。PEMFC 的研究已经成为诸类燃料电池研究中的主流。进入 20 世纪 90 年代，在各国科学家的努力下，PEMFC 技术日趋成熟。目前，这种 PEMFC 的质量比功率和体积比功率分别达到 1000W/kg 和 1700W/L；在降低成本方面，国际上已取得了突破性进展。PEMFC 有望成为电动汽车和潜艇（AIP系统）的最佳动力源。日本丰田 Mirai 车型使用的燃料电池技术代表了目前较先进的PEMFC 技术。2022 年，中国能源建设集团安徽省电力设计院实现零碳循环设计的国内首座兆瓦级氢能综合利用示范站在安徽六安投运，兆瓦级质子交换膜（PEM）纯水电解制氢系统及氢燃料电池系统设备均为具有自主知识产权的国内首套设备，这一新型工业化的能源转型示范工程开辟了国内氢能利用在电网领域的应用先河，对于构建以新能源为主体的新型电力系统、助力"双碳"目标的实现具有重要意义。

PEMFC 的工作原理如图 9-2 所示。H_2 和 O_2 通过双极板上的导气通道分别到达电池的阳极和阴极，反应气体通过电极上的扩散层到达质子交换膜。在膜的阳极一侧，H_2 在阳极催化剂的作用下解离为氢离子（质子）和带负电的电子，电子通过外部电路流向阴极，形成电流；而在阴极一侧，O_2 与传递过来的 H^+ 及外部电路流入的电子结合，生成水。

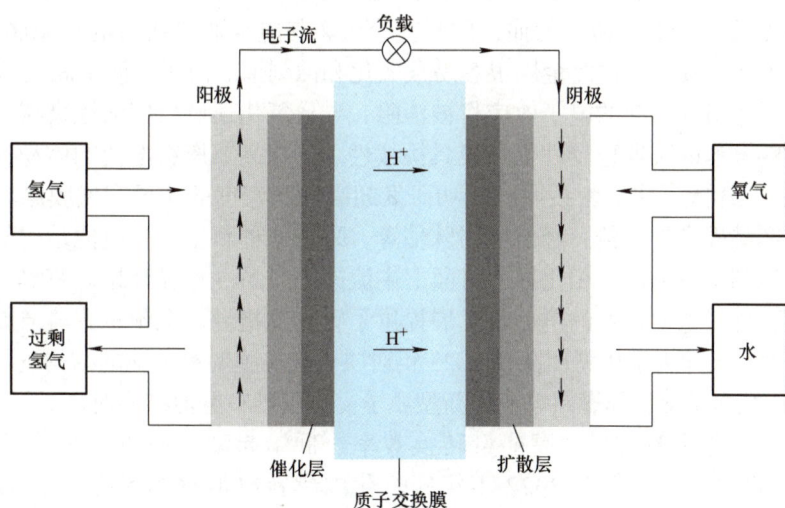

图 9-2　PEMFC 的工作原理

质子的这种转移导致阳极出现带负电的电子积累，从而变成一个带负电的端子（负极）。与此同时，阴极的氧分子与催化剂激发产生的电子发生反应，变成氧离子，使阴极变成带正电的端子（正极），其结果是在阳极带负电终端和阴极带正电终端之间产生了一个电压。如果此时通过外部电路将两极相连，电子就会通过回路从阳极流向阴极，从而产生电能。同时，氢离子与氧离子发生反应生成水。电极反应为

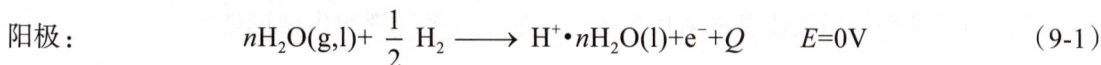

阳极：
$$n\mathrm{H_2O(g,l)} + \frac{1}{2}\,\mathrm{H_2} \longrightarrow \mathrm{H^+} \cdot n\mathrm{H_2O(l)} + \mathrm{e^-} + Q \qquad E = 0\mathrm{V} \qquad (9\text{-}1)$$

阴极： $\frac{1}{2}O_2(g)+2H^+\cdot nH_2O(l)+2e^- \longrightarrow (n+1)H_2O(g,l)+Q$　　　$E=1.22V$　（9-2）

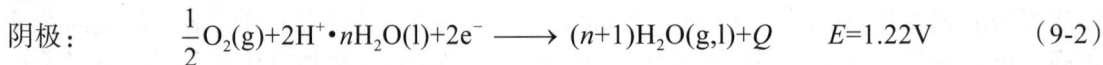

在 H_2 和 O_2 发生反应生成水的化学反应中，焓变可表示为

$$\Delta H=-nEF+Q_R=\Delta G+T\Delta S \tag{9-3}$$

式中　nEF——反应所做的功；

　　　Q_R——反应放出的热。

则能量转换效率 η 为

$$\eta=-nEF/(-nEF+Q_R)=\Delta G/\Delta H \tag{9-4}$$

代入 H_2、O_2、H_2O 的热力学数据，得到能量转换效率为 83%，即氢氧 PEMFC 的最大效率。实际上由于电池内阻的存在和电极工作时极化现象的产生，氢氧 PEMFC 的实际效率在 50%～70%，约比内燃机的实际效率高 30%。

典型的 PEMFC 发电体可由一个或若干个电池单体组成。电池单体主要由膜电极、密封圈和带有导气通道的集流板组成。膜电极中间为质子交换膜，它除了有质子交换功能外，还可起到隔离燃料气体和氧化气体的作用。膜两边是气体电极，它由兼作电极导电支撑体和气体扩散层的碳纸和催化剂（多采用纳米金属 Pt）组成。目前对膜电极结构和新型催化剂的研究工作也日益增多。PEMFC 的性能受阴极发生的氧化还原反应控制，大量的电催化剂可加快反应速度，但商用时催化剂（如 Pt/C）的活性和稳定性不足，因此迫切需要更先进的电催化剂。例如，Pt-Ni 八面体纳米颗粒（NPs）电催化剂已经实现了显著的氧化还原反应活性，其活性比商业用 Pt/C 高一个数量级。然而，质子交换膜燃料电池通常在高电压（0.6～0.8V）和酸性电解质下工作，其中的过渡金属很容易被氧化和蚀刻掉。由于过渡金属的溶解和 NPs 的团聚，过渡金属的引入引起的电子效应将被消除，导致氧化还原反应活性衰减。因此，氧还原催化剂和燃料电池的长期稳定性仍然极具挑战性。为提高氢燃料电池的体积比功率、实现"双碳"目标，天津大学焦魁教授团队成功研发超高功率密度的质子交换膜燃料电池，其性能比主流同类产品提升近两倍，经研究团队估算，采用这种新型燃料电池结构的电堆峰值体积比功率有望达到 9800W/L，相比目前市面上主流同类产品性能提升超过 80%。这项成果不仅为质子交换膜燃料电池技术的进一步发展提供了重要的指导，也预示着清洁能源领域迈向新高度的可能性。天津大学焦魁团队在 2023 年对质子交换膜燃料电池的结构进行了重构，如图 9-3 所示为传统质子交换膜燃料电池和新型质子交换膜燃料电池结构对比。

PEMFC 具有高功率密度、高能量转换效率、低温起动、环境友好等优点，有希望成为电动汽车的动力源。截至 2022 年年底，我国燃料电池汽车保有量为 12682 辆。根据政策规划、产业发展状况及"高端化、智能化、绿色化"的发展趋势，预计 2030 年我国燃料电池汽车实现百万辆的商业化应用规模。由此来看，我国燃料电池汽车发展潜力大，从而应用于燃料电池汽车领域的 PEMFC 发展潜力大，因而，对 PEMFC 的研究已成为目前电化学和能源科学领域内一个热点，迫切需要发展变革，不断提出真正解决问题的新理念、新思路、新方法。目前的质子交换膜燃料电池一般都以氢作为燃料，但由于氢的储存、运输有一定的问题，特别是当质子交换膜燃料电池大规模地在汽车上使用时，如果用氢作为燃料，则现有的加油站设备要完全改变，这要耗费巨大的资金。因此，人们迫切希望能用液体燃料来代替氢作为质子交换膜燃料电池的燃料。

传统结构　　　　　　新结构

质子交换膜
催化层
微孔层
气体扩散层

质子交换膜
催化层
碳纳米纤维层
金属泡沫流场

沟脊流道

① → 气　② → 水
③ → 热　④ → 电

曲折复杂的气、水、电、热传递路径　　均匀且高效的气、水、电、热传递路径

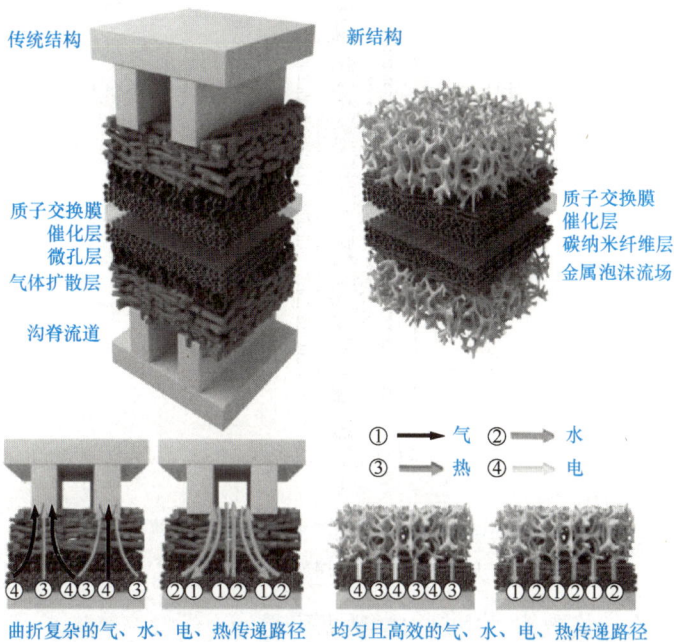

图 9-3　传统质子交换膜燃料电池和新型质子交换膜燃料电池结构对比

用液体燃料的一种方法是先把液体燃料在燃料电池外进行重整，将得到的氢用作燃料电池的燃料。这种质子交换膜燃料电池如果用作汽车的动力源尚存在许多弊端，如重整设备增加了燃料电池的体积；重整一般在高温下进行，因此较难做到快速起动；重整气含有较多的 CO，而 CO 易使燃料电池的阳极铂催化剂中毒。因此，近年来提出用甲醇直接作为质子交换膜燃料电池的燃料，并称这种燃料电池为直接甲醇质子交换膜燃料电池，简称为直接甲醇燃料电池。

9.2.3　直接甲醇燃料电池

直接甲醇燃料电池（Direct Methanol Fuel Cells，DMFC）的电解质是聚合物，因而它是质子交换膜燃料电池的一种，只是燃料不是氢而是甲醇。因为 DMFC 是目前世界上研究和开发的热点，故本小节对其进行单独介绍。

如前所述，直接甲醇燃料电池是质子交换膜燃料电池的一种。其工作原理与上述的质子交换膜燃料电池的工作原理基本相同。不同之处在于直接甲醇燃料电池的燃料为甲醇（气态或液态），氧化剂仍为空气或纯氧。直接甲醇燃料电池的工作原理如图 9-4 所示。其阳极和阴极催化剂分别为 Pt-Ru/C 或 Pt-Ru 和 Pt/C。其电极反应为

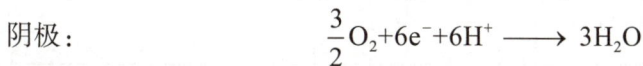

阳极：$\qquad CH_3OH+H_2O \longrightarrow CO_2+6H^++6e^-$

阴极：$\qquad \frac{3}{2}O_2+6e^-+6H^+ \longrightarrow 3H_2O$

电池的总反应：$\qquad CH_3OH+\frac{3}{2}O_2 \longrightarrow CO_2+2H_2O$

通过热力学关系和热力学数据，可得到 DMFC 在标准状态下的理论开路电压（可逆电动势）E：

$$E = -\Delta G/(nF) = [-(-702450)/(6\times96500)]V = 1.213V$$

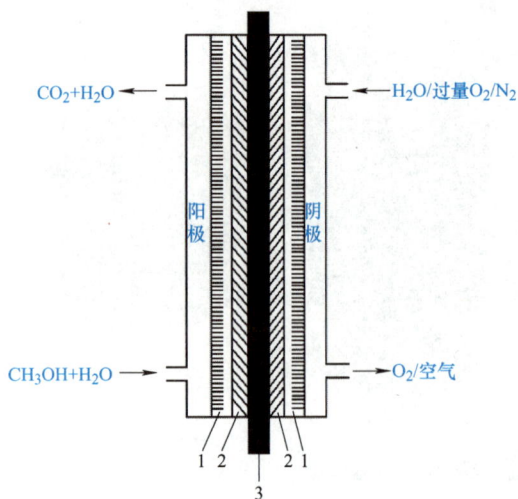

图 9-4 直接甲醇燃料电池的工作原理

1—扩散层 2—催化层 3—质子交换膜

对于 DMFC 理论转换效率，由热力学数据可得：

$$\eta = \Delta G / \Delta H \times 100\% = -702450 / (-726550) \times 100\% = 96.68\%$$

实际上，电池内阻的存在和电极工作时极化现象的产生，特别是甲醇有较高的氧化过电位，可使得电池实际效率和比能量大大降低。

9.3 燃料电池的前景及挑战

燃料电池有广阔的应用前景，根据燃料电池的特点、功率大小，可以大致划分其相应应用领域。燃料电池应用领域见表 9-2。

表 9-2 燃料电池应用领域

目标	形式	场所	质子交换膜燃料电池	直接甲醇燃料电池	碱性燃料电池	磷酸燃料电池	熔融碳酸盐燃料电池	固体氧化物燃料电池
固定式电站	基于电网电站	集中	×	×	×	×	√	√
		分布	×	×	×	×	√	√
		补充动力	×	×	×	√	√	√
	基于用户的热电联产电站	住宅区	√	×	○	√	√	√
		商业区	√	×	○	√	√	√
		轻工业区	×	×	○	√	√	√
		重工业区	×	×	×	√	√	√
交通运输	发动机	重型	√	×	×	√	√	√
		轻型	√	×	×	×	×	×
	辅助功率单元（千瓦级）	轻型和重型	√	√	×	×	×	√
便携电源	小型（百瓦级）	娱乐、自行车	√	√	×	×	×	√
	微型（瓦级）	电子、微电器	√	√	×	×	×	×

注：√有可能；○待定；×不可能。

随着技术的进步，上面的预测也会有些变化。最终的选择权在市场。高温燃料电池有广阔的潜在市场。高温燃料电池具有许多明显的优点，但是其成本居高不下、运行不方便也是必须克服的难关。熔融碳酸盐燃料电池目前售价高达 3500 ～ 4000 美元 /kW，需要降幅达到 90% 才有望市场化。考虑到与天然气蒸汽重整的工作温度，人们将注意力由工作温度为 900 ～ 1000℃的高温固体氧化物燃料电池转向工作温度为 700 ～ 800℃的中温固体氧化物燃料电池。其实这种中温固体氧化物燃料电池制造的难度仍然相当大。假如固体氧化物燃料电池操作温度降到 600℃以下，则称为低温固体氧化物燃料电池，它不仅造价较低廉，而且电池稳定性较高，电池寿命较长，更重要的是电池的快速起动问题也较易解决。此外，低温固体氧化物燃料电池与液体醇类燃料的重整温度也是偶合的。正因如此，低温固体氧化物燃料电池（400 ～ 600℃）成为近年来国际燃料电池研究与开发的热点课题。固体氧化物燃料电池作为辅助或动力电源在车辆、轮船、无人机等领域有推广应用。其中，2016 年，日产汽车发布了世界上首款以固体氧化物燃料电池动力系统驱动的燃料电池原型车。2020 年，Bloom Energy（BE）公司与三星重工业株式会社签署了一项联合研发协议，共同设计和开发以固体氧化物燃料电池为动力的燃料电池船，实现将清洁能源用于船舶，使海上运输业的发展可持续。国外固体氧化物燃料电池的研发方向主要聚焦于降低成本和提高稳定性方面。我国在此方面起步较晚，"十二五"期间，中国矿业大学（北京）作为依托单位，联合中国科学技术大学、北京科技大学等承担了国家"973 计划"项目——碳基燃料固体氧化物燃料电池体系基础研究，开展固体氧化物燃料电池相关基础理论和关键技术研究；中国科学院大连化学物理研究所、宁波材料技术与工程研究所、华中科技大学和中国科学院上海硅酸盐研究所分别承担了"863 计划"项目——5kW 系统和 25kW 电池堆项目，并在固体氧化物燃料电池关键材料及单电池开发方面取得很大进步。

要实现氢能燃料电池的真正产业化，必须掌握五大核心技术。第一大核心技术是催化剂，目前使用的催化剂最可能在商业化汽车中应用的是碳支持的铂金催化剂，但铂的高价格及稀有性可能给产业化带来不利。因此，降低铂的使用量或用非贵金属催化剂取代是目前急需研究开发的。尽管目前有不同的催化剂，但只有铂催化剂投入实际应用，其他的催化剂（如 Pt 合金催化剂、非贵金属催化剂、单晶形状催化剂、金属有机框架催化剂等）目前仍处在研究阶段。第二大核心技术是质子交换膜，目前主要应用的有 3 类：全氟磺酸膜、增强型全氟磺酸膜、高温型复合质子交换膜。这些膜价格比较高，稳定性也需要进一步地提升。第三大核心技术是膜电极，膜电极目前主要以催化剂 / 膜 / 催化剂三合一体的膜电极为主。第四大核心技术是双极板，主要有 3 种：石墨双极板、金属双极板、复合双极板。后两者是目前研究开发的前沿。第五大核心技术是高压无油空气泵，氢能燃料电池需要把空气压缩，使其压力达到 3atm，才能发挥高性能。

第 10 章

氢燃料发动机

与常见的汽油、天然气等燃料相比，H_2 的热值要高得多，氢的低位发热值为 119.93kJ/g，约是汽油的 3 倍。这意味着在相同的质量下，氢能提供更多的能量，因此氢能在公路交通运输和需要高能量密度的应用领域（如航空、航天）都有巨大的应用潜力。

氢能是我国能源转型升级的重要载体，氢动力运输装备是交通领域碳达峰碳中和的重要突破口。近年来，氢燃料电池汽车发展比较迅速，在地方政府推动和促进下在一些地区（如京津冀、长三角、粤港澳等）已经形成产业集群。国务院、国家发展和改革委员会等部门先后出台了一系列政策来支持构建氢能多元化的应用生态，对推进氢能产业技术创新、强化关键核心技术攻关都起到了重要推动作用。

10.1 氢内燃机的发展历史

氢内燃机的研究经历了缓慢曲折的历程。20 世纪初，将氢作为发动机燃料的研究就已经开始进行。英国学者里卡多（Ricardo）和伯斯托尔（Burstoll）率先对氢发动机展开了认真全面的研究，二人用了 20 年时间详细探究了氢发动机的燃烧和工作过程，并得出了一些有价值的结论。在氢发动机的发展史中，不得不提到鲁道夫·埃伦（Rudolph Erren），他在氢发动机中采用内部混合气形成方式，使氢气通过一些小的喷嘴直接喷入气缸内与其他气体进行混合。氢气喷入的体积由装在气缸头上的滑阀式燃料分配器控制。这种设计保留了原来的液体燃油供给系统，使得该发动机可以用液体燃料掺入氢气工作，并且可以在发动机不熄火的条件下，从一种燃料换成另一种燃料。

20 世纪 70 年代，由于国际石油价格上涨，人们开始对氢内燃机投入更多的精力。日本、德国、苏联和美国等国家开展了相关的研究工作。美国于 1972 年举办了城市交通工具对大气污染最小的比赛。参加比赛的是 63 辆装着各种不同发动机的汽车（包括蓄电池汽车、以氢和丙烷等作为燃料的汽车），结果大众汽车（Volkswagen）公司的改用氢为燃料的汽车夺得第一名。美国洛斯·阿拉莫斯国家实验室（LANL）把一辆别克牌轿车改装成液氢汽车，其发动机是一台增压的六缸四冲程内燃机，充装一次液氢可行驶 274km。德国奔驰（Benz）汽车公司和巴戈利亚汽车厂还组建了一个用水分解制氢作为燃料的汽车队，同时开展公共汽车用氢作为燃料的试验研究。MAN 公司制造的氢燃料公共汽车于 1996 年在德国的埃尔朗根（Erlangen）市投入运营，德国为此每年投资 5000 万马克的费用。德国斯图加特大学、奔驰汽车公司等参与研制了奔驰 F100 液氢汽车。宝马汽车（BMW）公司于 1996 年 6 月在德国斯图加特市举行的第 11 届世界氢能会议上展出了计算机控制的新式氢能汽车。日本原武藏工业大学的古滨庄一（Furuhama）对氢内燃机研究的贡献系统、持续且影响深远，其与尼桑公司合作研制成功的"武藏系列液氢汽车"成为 20 世纪 70—90 年代该领域的标志性成果。日本的"武藏 8 号"液氢发动机汽车，速度达到 125km/h，一次注入液氢可连续行驶 300km。

进入 21 世纪，德国、日本、美国等国的世界著名汽车企业也纷纷将目光瞄准氢内燃机。

福特公司于 2001 年推出了第一辆氢内燃机试验车，在此后的多次车展中相继展出了多款氢燃料概念车。2006 年，福特氢燃料 V-10 发动机于日本正式投产，作为 Ford E-450 氢燃料大客车的动力设备。首先供应佛罗里达州，而后覆盖北美其他地区。至此，福特成为世界首个正式生产氢燃料发动机的汽车制造商。同时，福特也正在开展下一代氢内燃机的研究，包括提高功率和燃油经济性的直喷技术。

日本马自达公司研发了 H_2 转子发动机汽车 RX-8 Hydrogen RE，这是世界上第一款 H_2 转子发动机汽车。

2007 年 3 月，欧盟委员会发起的氢内燃机项目（HyICE）实现对氢内燃机的优化。在该项目中研发出一款氢内燃机，这款内燃机比其他驱动系统在性能和成本上更具有鲜明优势。该项目由宝马集团研究和技术中心负责协调，开发出的两种燃气混合模式已在乘用车和城市巴士的发动机上得到验证。2007 年 6 月 19 日，宝马宣布推出世界上第一款供日常使用的氢动力豪华高性能轿车——BMW 氢能 7 系列。这款轿车展示了氢能驱动技术的巨大潜力。这是宝马集团乃至整个汽车与能源行业向不依赖矿物燃料的可持续机动化产业时代迈进的标志。

我国对氢内燃机的研究起步较晚，20 世纪 80 年代中期以来，浙江大学、天津大学等高校在氢 - 汽油、氢 - 柴油混合燃料发动机方面展开研究。20 世纪 90 年代中期，浙江大学在一辆中型商用车上改装氢 - 汽油混合燃料发动机获得成功；1997 年以来，华北水利水电大学与浙江大学合作，在国家、省部科技计划，以及国家自然科学基金的支持下，在改装后的氢内燃机样机上进行了一系列研究，并取得了一批成果；2004 年以来，西安交通大学在国家自然科学基金的支持下开展了天然气掺氢内燃机燃烧与排放特性的研究，多项研究取得了很好的进展；2006 年 10 月，北京理工大学宣称攻克了综合电子控制、运行安全技术、氮氧排放控制等难关，成功开发出具有超低排放的氢内燃机样机，为我国氢能应用技术开辟了新途径；2007 年 1 月，由镇江江奎科技公司、清华大学、奇瑞汽车三方自主研发的"示范性氢燃料轿车研制项目"正式通过国家级专家组评审，标志着国内第一台以氢燃料为动力的国产轿车正式研制成功；2007 年 6 月 18 日，北京理工大学与重庆长安汽车集团合作研制的第一台高效低排放氢内燃机实现点火，这标志着我国氢内燃机研究技术又有了新突破；近年，清华大学、北京工业大学等高校在掺氢燃料内燃机燃烧、排放基础研究方面开展了系统研究，取得了良好发展。

10.2　氢内燃机汽车

道路交通是全球交通运输的主要组成部分之一，目前，道路交通主要依靠化石燃料。面对日益严峻的环境问题，氢动力汽车是交通运输领域实现脱碳和可持续发展的重要技术。氢动力汽车有两种形式：一种是采用氢燃料电池驱动电动机的氢燃料电池汽车，另一种是通过在内燃机中燃烧氢气提供动力的氢内燃机（Hydrogen Internal Combustion Engine，H_2ICE）汽车。在交通运输领域，当前的关注重点集中在氢燃料电池电动汽车。氢内燃机技术的起源可以追溯到 19 世纪，虽然从 2010 年开始，市场对这项技术的兴趣有所下降，但最近氢内燃机驱动的氢动力汽车又重新受到人们的关注，特别是在中型和重型货车运输应用中。

与汽油和天然气相比，H_2 的扩散系数大，H_2 在质量扩散、对流及浮力的作用下，可以迅速在空气中弥散，从而减小危险区。同时，氢的自点火温度高，达到 858K，靠压缩手段很难点燃，因此氢在内燃机中燃烧需要点火装置，适用于火花点火发动机。虽然目前仍面临一些技术和市场的挑战，但氢内燃机汽车有望成为未来清洁交通的一部分。

10.2.1　氢内燃机汽车与其他类型汽车的对比

与传统的燃油车相比，氢内燃机汽车和氢燃料电池汽车都使用无碳的氢燃料，具有零排放、低污染的优势。同时，氢内燃机汽车只需要对传统汽车的动力系统和车辆架构进行最小的改动，这对于成本敏感的汽车市场无疑是一个合理的选择。传统燃油汽车、氢内燃机汽车及氢燃料电池汽车的基本参数对比见表 10-1。

表 10-1　传统燃油汽车、氢内燃机汽车及氢燃料电池汽车的基本参数对比

对比项目	传统燃油汽车	氢内燃机汽车	氢燃料电池汽车
发动机类型	内燃机	内燃机	电动机
推进系统效率	30%～35%	40%～50%	45%～55%
能耗	每行驶 100km 约 9L（或 12.8kg）汽油	每行驶 100km 约 1.4kg 氢	每行驶 100km 约 1.0kg 氢
燃料成本	最高	高	低
空气污染排放	高 CO_2、CO、未燃烧碳氢化合物，以及 NO_x 排放	较低的 CO_2 和 CO 排放量，与汽油车相比，NO_x 排放量相同或高出 20%	最低 / 零 CO_2 和 NO_x 排放
技术现状	成熟	推广阶段	推广阶段

在燃烧性能方面，采用氢作为内燃机燃料具有许多优势，然而仍需要进一步提高氢内燃机汽车的性能（如发动机效率、输出功率、制动热效率、制动功率、制动燃料消耗率、续驶里程和氮氧化物排放等）。在空气污染排放方面，氢燃料电池汽车的排放量最低。氢内燃机汽车和氢燃料电池汽车的排放情况类似，主要产物是水。但是，就氢内燃机汽车而言，润滑油的使用会造成微量碳排放，而且由于燃烧温度较高，其氮氧化物的排放量与汽油车差不多，甚至更高。值得注意的是，采用废气再循环系统可以降低进气系统中的氧含量，产生稀释效应，从而降低氮氧化物的排放量；或者采用催化还原系统，使用氨作为还原剂，与排气中的氮氧化物反应，也可以降低氮氧化物的排放量。

对于氢动力汽车来说，氢燃料的纯度是一个重要问题。燃料电池对氢燃料纯度要求很高，硫化物等杂质会造成催化剂中毒，影响燃料电池性能。燃料电池汽车对氢燃料纯度的要求：非氢气体限值为 300μmol/mol，CO 限值为 0.2μmol/mol，硫化合物限值为

0.004μmol/mol。而氢内燃机汽车可以使用纯度较低的 H_2，其燃料中杂质限值要求：非氢气为 20000μmol/mol，CO 为 1μmol/mol，含硫化合物为 2μmol/mol。此外，燃料电池的反应过程需要铂金属作为催化剂，这就增加了燃料电池汽车的生产总成本。当前，市场对铂金属的需求量超过了其可用量，制造一辆燃料电池汽车所需的铂金属为 20～40g。以 2020 年为例，全球铂金属的产量约为 160t，假设将开采的铂全部用于汽车生产，则燃料电池汽车的产量大约可以达到 550 万辆，仅占全球汽车产量的 7% 左右。发展氢燃料电池汽车和氢内燃机汽车是合理的，可以同时进行。氢内燃机和氢燃料电池具有不同的成熟度，二者共同促进了氢的生产、运输、分配和储存基础设施的发展，在减少车辆碳排放方面发挥着协同作用，它们并不是相互竞争的关系，而是相互促进的互补技术。

10.2.2　氢内燃机汽车发展历史

在汽车中使用氢作为燃料并不是一种新方法，氢作为内燃机燃料已经有 200 多年的历史。总体来说，人们对氢作为车用燃料的兴趣可以分为几个历史时期。

氢动力发动机概念的提出要追溯到 19 世纪初，1807 年，瑞士的里瓦兹（Rivaz）发明了第一台氢氧内燃机。里瓦兹使用试验性内燃机驱动原型车完成了短距离行驶，使其成为第一辆内燃机车辆。里瓦兹发动机没有计时结构，燃料喷射和点火都是手动控制的，其使用伏打电池生成电火花，通过电火花点燃燃料混合物，这一想法与现代内燃机的燃烧原理相同。1820 年，塞西尔（Cecil）发表了一篇题为《论氢气在机械中产生动力的应用》的论文，论文中的燃气发动机是一款真空发动机，运行情况令人满意。1860 年是决定性的一年，比利时发明家艾蒂安·勒努瓦（Etienne Lenoir）制造了第一台实用的小型卧式燃气发动机。这是一台单缸二冲程发动机，其动力来自水电解产生的氢气，采用水冷方式，在转速为 80r/min 时的输出功率达到 0.7kW。后来，勒努瓦对发动机进行了改进，使其可以使用其他气体，如煤气。1863 年，一辆由勒努瓦发动机驱动的车辆以平均 3km/h 的速度完成了 9km 的试驾。这台发动机取得了巨大的成功，销量超过 400 台，对于汽车技术来说是一个巨大的进步。尽管氢内燃机的开发取得了初步的成功，但在后来的几年里，氢内燃机并没有得到广泛的应用，因为它们在与基于化石燃料的发动机的竞争中失败了。当时的氢内燃机比碳氢化合物发动机效率低，此外，车辆中 H_2 的储存也是一个主要问题。

尽管如此，对氢燃料汽车的研究仍在继续。第一次世界大战和第二次世界大战促使氢燃料汽车技术取得了重大进展。对燃料需求的增加以及化石燃料供应减少的风险促使各国政府投资研究氢在交通运输中的应用。1933 年，挪威人将一辆小型货车改装成以氢气为动力的汽车，车上装有一个氨重整器，用于制备氢气供给内燃机。鲁道夫·埃伦（Rudolph Erren）是最早也是最重要的研究氢动力内燃机的工程师之一。20 世纪 20 年代，他开始对当时生产的发动机进行改造，将许多汽油和柴油发动机改装成直接喷氢发动机，并对氢动力发动机进行了大量试验。改装的埃伦发动机被成功用于货车、公共汽车和潜艇等领域。埃伦和坎贝尔（Campbell）在伦敦燃料研究所的研究结果显示，含有蒸汽再循环的氢氧发动机的制动热效率高达 60%。还有许多研究人员对氢内燃机进行了探索。俄罗斯人鲍里斯·谢利什（Boris Shelishch）将 200 辆货车改装为使用氢燃料的货车，与原来使用汽油的货车相比，氢燃料燃烧起来更清洁，工作时间也更长。在 1971—1978 年，日本的武藏工业大学、德国的奔驰公司等都开发了氢内燃机的测试车辆。1974 年，武藏工业大学推出了日本第一辆氢燃料汽车，配备四冲程氢发动机和高压储气罐。1975—1977 年，武藏工业大学又推出了两款氢燃料汽车，一款配备了四冲程氢发动机和液氢储罐，另一款采用二冲程火花点火发动机为动力。1984 年，武藏-6 氢汽车在多伦多的第 5 届世界氢能大会上亮相。1979 年，BMW 公司与德国航空航天中心合作，推出了该公司首款氢燃料汽车。在 20 世纪 70—90 年代，宝马公司和马自达公司开发了几种商用氢内燃机汽车。在整个 20 世纪，氢发动机技术得到了巨大发展，并验证了在现有发动机中使用氢燃料的可能性，而且无须对原始部件进行重大修改。21 世纪以来，人们对氢动力车辆的兴趣越来越大，许多新车型正在开发中。

10.2.3　氢燃料汽车和双燃料汽车

氢燃料发动机是基于成熟的内燃机技术，通过燃烧氢来产生动力，因此氢内燃机汽车是汽车行业摆脱化石燃料的一种相对直接并有前景的途径。除了解决 CO_2 排放问题外，在内燃机中使用氢作为燃料还有许多其他优势。氢的辛烷值高（>130），且自点火温度较高，因此氢具有较强的抗爆燃能力。出于同样的原因，氢燃料发动机的性能对燃烧室形状、湍流程度等变化不太敏感。根据氢的热力学性质，一方面，高压缩温度有助于提高发动机效率，但另一方面，与碳氢化合物相比，由于氢气的火焰速度高，火焰的淬火距离短，导热系数更高，因此其热损失高于汽油运行时的热损失，从而对氢燃料发动机的效率产生了一定的负面影响。氢燃料的优势在于，气态氢燃料可以提供优秀的冷起动能力和发动机运行状态。此外，与燃料电池相比，火花点火发动机对氢燃料纯度要求较低，更具经济性。

然而，使用氢作为燃料时，需要对内燃机进行一定的改造，其中最重要的是点火、燃料喷射系统和压缩比。

1）燃料混合物的点火问题，即火花塞问题。在氢内燃机中，必须使用冷型火花塞，以避免火花塞电极温度超过自燃极限而引起回火。同时，由于铂是氢氧化反应的催化剂，不建议使用铂电极的火花塞。为了避免残留的点火能引发无控制的点火，还需要使用接地或设计合理的点火系统。

2）燃料喷射系统。在氢内燃机中，最优的燃料喷射方案是直喷。因为气缸内的燃料停留时间可以更短，直喷可以消除发动机在进气歧管中回火的倾向，并且避免预点火。而且由于氢的热值高，使用直喷的氢燃料发动机的输出功率可以比汽油发动机的高 20%。在实际应用中，直喷有低压直喷和高压直喷两种方式。低压直喷是在进气阀关闭、气缸内压力较低的情况下进行燃料喷射，而高压直喷是在压缩冲程结束时进行燃料喷射。

3）压缩比。和其他内燃机一样，压缩比是为了获得最高效率而优化的重要参数。氢内燃机的压缩比可以比汽油发动机的更高，其值取决于发动机的设计和应用，范围一般为 $7.5：1 \sim 14.5：1$。

虽然氢内燃机汽车具有 200 多年历史，但直到 21 世纪初才有许多商用车进入市场。根据氢燃料的车载储存方式，氢内燃机汽车可以分为压缩气氢汽车和低温液氢汽车。表 10-2 总结了 21 世纪以来的氢内燃机汽车（涵盖了氢燃料专用汽车和双燃料汽车）的基本参数，氢内燃机汽车的主要制造商包括福特、宝马、马自达、雪佛兰和丰田等品牌。氢燃料专用汽车是指由原始设备制造商专门设计和制造的，仅使用氢燃料驱动的车辆，而双燃料汽车的发动机配备了两个独立的燃料系统，允许车辆使用氢或汽油提供动力。

表 10-2　21 世纪以来的氢内燃机汽车的基本参数

型号	年份	发动机	燃料类型	储氢罐	里程 /km	制造量
福特 P2000	2001	2.0L	氢	压缩气氢 350bar①, 1.5kg	100	—
宝马 Hydrogen 7	2003	6.0L V12	双燃料 (氢 / 汽油)	低温液氢 8kg	200（氢）+480（汽油）	约 100 辆
马自达 RX-8 Hydrogen RE	2003	转子发动机 1.3L	双燃料 氢 / 汽油	压缩气氢 350bar, 2.4kg	100（氢）+500（汽油）	超过 30 辆
福特 Shuttle bus	2004	6.8L V10 Triton	氢	压缩气氢 350bar, 29.6kg	240 ～ 320	—
雪佛兰 Silverado	2004	6.0L V8	氢	压缩气氢 350bar, 10.5kg	230 ～ 260	约 20 辆
丰田 Quantum Prius	2005	1.4L	氢	压缩气氢 1.6kg	100 ～ 130	超过 30 辆
大众 Polo-converted	2011	1.4L	双燃料 (氢 / 汽油)	压缩气氢 200bar	约 400（氢）	1 辆试验车
丰田 Corolla Hatchback （赛车）	2021	1.6L	氢	压缩气氢	—	—
雷克萨斯 RC F	2022	5.0L V8	氢	—	—	设计车辆

①　1bar=10^5Pa。

从生产规模来看，宝马公司的 Hydrogen 7（见图 10-1a）是第一款量产的氢动力汽车。其搭载的 12 缸发动机配备了两个独立的燃料系统，可以使用汽油和氢两种燃料。在此基础上，宝马公司开发了 Hydrogen 7 的单燃料示范车，即仅使用氢燃料提供动力。另一款知名的车型是福特的 P2000 五座轿车，该车型于 2001 年推出，搭载 2.0L 发动机，配备优化的氢喷射系统，由储存在两个碳纤维增强铝罐（350bar）中的氢气提供动力。此外，福特公司还组建了一个由 30 辆 E-450 大客车组成的氢动力汽车示范车队。2003 年，马自达推出了 RX-8 Hydrogen RE 氢动力汽车（见图 10-1b），搭载了燃烧氢燃料的汪克尔转子发动机（Wankel Rotary Engine），如图 10-2 所示，该发动机采用电子控制实现氢气的缸内直喷使用单独的燃烧室进行进气和燃烧，避免了活塞式发动机使用氢燃料时经常面临的回火问题。2021 年，丰田推出了一款基于 Corolla Hatchback 的赛车，搭载 1.6L 的发动机，由压缩氢气提供动力，该车型参加了 2021 年的日本超级耐久系列赛。2022 年，雅马哈和丰田合作研究出一款 5L 的氢燃料发动机，该发动机基于雷克萨斯（Lexus）RC F 发动机，设计输出功率为 450 马力（1 马力 =735.499W）。

图 10-1　宝马的 Hydrogen 7 和马自达的 RX-8 Hydrogen RE

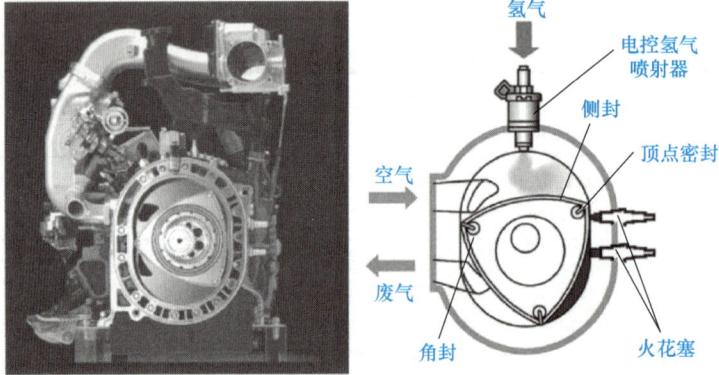

图 10-2　汪克尔转子发动机

10.2.4　掺氢燃料

为了减少污染物排放，车用燃料的另一个发展方向是在内燃机中使用替代燃料和化石燃料的混合燃料。在汽油发动机中使用基于乙醇、甲醇的混合燃料，在柴油发动机中使用基于乙醇或甘油基醚的燃料混合物，都是该领域的研究热点。氢也可以作为传统化石燃料的添加剂。燃料的富氢化是为了向完全成熟的氢经济过渡而提出的解决方案。一方面，氢的存在有助于提高燃料的整体燃烧稳定性；另一方面，使用富氢燃料有助于缓解与纯氢使用相关的安全问题。鉴于氢具有点火能低、可燃极限宽和燃烧速率快等特性，可以将氢作为燃料的添加剂。氢气填满燃烧室的速度比雾化液体燃料快得多，氢－空气混合物更容易形成，可以用低能量（约 0.02mJ）点燃，氢的燃烧速度比碳氢化合物燃料快数倍。因此，通过氢的添加，有可能改善碳氢燃料的燃烧参数。实际应用中，富氢混合燃料涌现出诸多优势，如燃烧效率高、未燃烧残留物少、燃烧温度高，从而显著提高了能量转换效率。

研究人员对常见燃料进行了掺氢测试，包括汽油、柴油、液化石油气、天然气（液化天然气、压缩天然气）等。研究表明，对于汽油发动机，燃料掺氢对汽车排放和效率都有积极作用，未燃烧残留物、CO、CO_2 的浓度都有所下降。这对于发动机恶劣工作的情况尤为重要，例如怠速或冷起动时，燃烧室内的温度和进气歧管压力低于正常工况，会使燃料燃烧不完全。在某些情况下，例如在稀薄燃烧条件下，氮氧化物（NO_x）的排放会随着空气中燃料燃烧的温度上升而加速，因此，需要特别重视对 H_2 燃烧条件的控制。可以通过将氢与燃料掺混并提高空气／燃料比（λ）来减少氮氧化物的排放。有研究表明，在燃料中添加体积分数为 6% 的 H_2，并将空气 / 燃料比提高到 $\lambda>1.4$，可以使 NO_x 排放保持在与 $\lambda=1$ 时相同的水平，同时减少剩余的废气排放。燃料中掺氢不会干扰汽车的污染物减排系统性能，如废气再循环系统、柴油颗粒过滤器或选择性催化还原装置，因此混合燃料发动机的最终排放可以满足严格的排放标准。

目前，在燃料中掺氢可以使用氢－氧气体（通常称作布朗气）发生器，其简单性和经济性引起了人们的兴趣。布朗气发生器最简单的车载方式是将一个小型电解槽安装在发动机室，由汽车发电机供电。布朗气是由碱性电解液产生的体积组分为 2∶1 的氢和氧的混合气体。相关研究表明，在燃烧过程中添加布朗气，具有提高发动机性能（如提升热效率和降低燃料消耗）的潜能，同时还能有效减少未燃烧残留物、CO 和 CO_2。

10.3　氢动力飞机

目前，航空依赖于化石燃料，国际航空运输导致的 CO_2 排放量达到 9 亿 t/a。氢动力飞机因不排放 CO_2，成为航空业降低碳排放、实现碳中和目标的关键，受到广泛的关注。2000 年欧盟资助的 CRYOPLANE 项目，是第一个以减少气候影响为目的分析液氢燃料飞机可行性的大型项目。随后，在一系列政府基金和商业项目的资助下，氢动力飞机的发展逐渐加快。

10.3.1　氢动力推进系统

氢涡轮发动机燃烧和氢燃料电池是氢动力飞机推进系统最常见的两种形式。氢动力飞机推进系统如图 10-3 所示。

氢涡轮发动机是一种高效且可靠的动力系统，已经在航空业中广泛应用。由于氢的燃烧特性与煤油不同，因此必须对传统航空发动机进行氢燃料适应性改造才能形成氢涡轮发动机。

氢燃料电池将 H_2 转化为电能，电能可以为螺旋桨或涵道风扇提供动力。氢燃料电池利用 H_2 发电，效率高达 60%，其燃烧产物只有水蒸气。氢燃料电池的缺点是，由于特定的功率和热限制，它们很难扩展到高功率应用。

目前，在氢动力飞机的设计中，氢燃料电池是小型短程飞机的主要选择，而氢涡轮发动机则是大型远程飞机的主要选择。氢燃料电池的效率在各种尺寸范围内都是相对恒定的，更适合小型飞机，氢燃料电池的缩小和保持效率的能力可以为小型飞机提供比氢涡轮发动机更高效率的推进系统。随着推进系统功率需求的增加，氢涡轮发动机将取代氢燃料电池。因为与氢燃料电池相比，氢涡轮发动机具备更高的比功率，并且面临更少的热管理难题，据测算，737-800 型号的飞机，若采用氢燃料电池作为推进动力，氢燃料电池系统将比氢涡轮发动机系统重 3 倍。

氢燃料发动机的结构与传统航空发动机的基本相同。氢燃料在燃烧室内燃烧，推动涡轮膨胀做功，并带动螺旋桨或者风扇旋转产生推力，如图 10-4 所示。氢燃料发动机与传统航空发动机的区别在于，氢燃料以低温液体形式储存在飞机的液氢罐中，通过热交换器将液态氢转化为气态氢，最后进入燃烧室。通过使用氢燃料替代化石燃料，可以避免

产生 CO_2、硫化物和烟尘等污染物，仅排放水蒸气和一些氮氧化物。研究表明，虽然水蒸气凝结形成的尾迹云也会对气候产生影响，但使用氢燃料可以将飞行对气候的影响降低 50% ～ 75%。

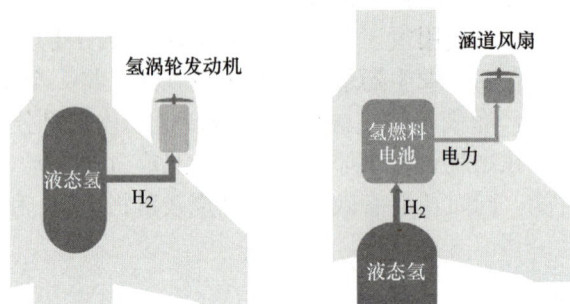

图 10-3　氢动力飞机推进系统

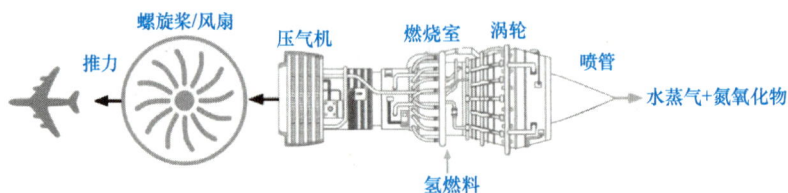

图 10-4　氢燃料航空发动机原理示意图

氢燃料与航空煤油具有完全不同的物理化学属性。在传统航空发动机中使用氢燃料时，效果往往不如常规化石燃料，需要对传统航空发动机的燃烧室、燃料喷射与混合装置、热循环以及管理系统进行优化改进或重新设计，以满足氢燃料的使用要求。同时，为了进一步降低污染物的排放量，还需研发适用于氢燃料航空发动机的低氮氧化物排放技术，例如贫油直喷（Lean Direct Injection）、微混合燃烧（Micro-mix Combustion）等。

10.3.2　氢动力飞机进展

近几十年来，氢动力飞机的飞行测试频率有所增加，虽然大多数仍然是小型的、一次性的演示飞行。表 10-3 列出了已进行飞行测试的氢动力飞机相关信息。随着全球航空运输业新能源飞机发展热潮的到来，氢能航空已经不再是遥不可及的梦想，而是可能即将到来的现实。

氢能航空公司 Universal Hydrogen 和 ZeroAvia 都在为现有的涡轮螺旋桨飞机提供氢燃料电池推进系统改装方案（见图 10-5a），计划在 2050 年前实现为短途航班服务。H2FLY 公司一直在对氢燃料电池动力的 HY4 验证机进行飞行测试（见图 10-5b），目前已经完成了世界上使用液氢电动载人飞机的试飞。

鉴于涡轮机械的高比功率和历史工程经验，飞机制造商和航空发动机制造商都将氢涡轮发动机视为氢动力飞机的解决方案。2020 年 9 月，空客公司宣布 ZEROe 项目，旨在 2035 年之前推出世界上首架以 H_2 为动力的零排放商用飞机，并发布了 4 款潜在的概念飞机（见图 10-6）。其中 3 款为燃烧氢提供动力，通过对现有发动机的燃料喷射器、燃烧室、燃料系统等进行改造，实现氢燃料燃烧提供推力。为了实现 ZEROe 项目的目标，空客公司与 CFM 国际公司达成了合作协议，联合开展一项氢燃料示范项目，对氢燃料发动机进行地面和飞行测试。空客公司使用一架 A380 测试飞机作为飞行测试平台，作为 ZEROe 氢燃料验证机。CFM 国际公司改造通用 Passport 涡轮风扇发动机，使其能够适用于氢燃料。空客公司计划将改装后的发动机搭载在带有液氢气罐的 A380 测试机上，测试机的机尾配备有 4 个液氢罐，氢燃料发动机位于机身后部，液氢经过处理后进入发动机，通过燃烧产生推力。

a)　　　　　　　　　　　　　　　b)

图 10-5　氢燃料电池动力飞机

表 10-3　已进行飞行测试的氢动力飞机

飞机	试飞年份	储氢方式	动力	备注
NACA-modified B-57	1957	液态氢	涡轮喷气发动机	单台氢动力发动机
Tupolev Tu-155	1988	液态氢	涡轮风扇发动机	单台氢动力发动机
Boeing Fuel Cell Demonstrator Airplane	2008	气态氢	质子交换膜燃料电池	燃料电池提供巡航动力
Antares DLR-H2	2009	气态氢（350bar）	33kW 燃料电池	—
AeroVironment Global Observer	2011	液态氢	—	—
Boeing Phantom Eye	2012	液态氢	福特 2.3L 内燃机改装	—
H2FLY HY4	2016	气态氢	45kW 质子交换膜燃料电池	—
ZeroAvia Piper Malibu demonstrator	2020	气态氢（350bar）	质子交换膜燃料电池	燃料电池提供部分动力
ZeroAvia Dornier 228 demonstrator	2023	气态氢	燃料电池	燃料电池为左侧螺旋桨和右侧备用发动机提供一半的动力
Universal Hydrogen Dash-8 demonstrator	2023	气态氢	兆瓦级质子交换膜燃料电池	右侧发动机和左侧备用发动机都由燃料电池驱动

此外，通用电气、罗尔斯·罗伊斯（Rolls-Royce）、普拉特·惠特尼（Pratt Whitney）和赛峰（Safran）四大飞机发动机制造商都公布了制造和测试氢燃料飞机发动机的计划。普拉特·惠特尼公司宣布了其开发一种液态氢发动机，通过蒸气喷射降低氮氧化物排放的计划，目标是实现比燃料电池更高的热效率，以及比燃烧可持续航空燃料（SAF）更低的运

营成本。罗尔斯·罗伊斯公司于 2022 年对 AE 2100 发动机进行了地面试验，将其改造成氢燃料发动机，并计划对 Pearl 15 发动机进行同样的试验。

图 10-6　空客公司 Turbofan 涡轮风扇概念机

10.3.3　氢动力飞机面临的挑战

氢动力飞机有着高效、环保的技术特点，但其发展仍面临着许多技术上的挑战，需要在氢工质循环、氢燃烧、氢控制、氢处理和储存、氢损伤和适航等诸多领域开展关键技术攻关。

从经济角度来看，与直接使用传统化石燃料相比，使用液氢并不经济实惠，目前液氢的成本约为传统航空燃油的 3 倍。只有制氢技术不断发展，使氢燃料获取更加廉价，才能有效地推动氢动力飞机的广泛应用。

尽管氢燃料具备清洁、热值高等优点，但要将其用作飞机的动力燃料以替代传统化石燃料，仍需要着重解决以下技术挑战。

1）当前，氢燃料价格相对较高，因此需要研究开发可大规模制取氢燃料的技术，以降低其成本。

2）由于 H_2 的质量较轻，为了有效储存，必须经过压缩或在低温下液化。此外，氢燃料容易发生汽化存在着火和爆炸等安全隐患，因此需要使用特殊容器在低温条件下存储液氢，而不能直接注入传统油箱。因此，现有飞机上的燃料箱无法满足液态氢燃料的储存要求，需要研发可长期储存氢燃料的特殊燃料箱。

3）氢 – 空气混合物的反应性很强，在喷入燃烧室之前进行预混是有风险的，可能导致回火现象，即火焰从燃烧室逆流进入混合区。虽然氢燃烧不会产生烟尘、CO_2 或碳氢化合物燃烧所生成的其他污染物，但会产生氮氧化物。氮氧化物的产生量主要取决于燃烧温度，由于氢燃料的火焰温度要比航空煤油的火焰温度高，氢燃料燃烧排放的氮氧化物量可能更多。因此，氢燃烧面临很高的自燃风险、回火风险、燃烧不稳定风险，以及生成相对较高的氮氧化物的风险。

4）材料的氢损伤是制约氢燃料发动机长期使用的一个重要因素。氢损伤是指在氢的作用下，材料性能受损，包括氢致裂纹、氢鼓包、高温氢腐蚀、氢致塑性减损等。对于氢燃料发动机和氢储存系统，高压氢部件的氢损伤问题不容忽视，是氢动力飞机安全性设计的基础。

5）此外，全球机场已普遍配置航空煤油供应系统，将传统商用飞机改用氢燃料涉及相关机场基础设施的优化调整，还需要建设相应的氢燃料供应站。这是一项耗资巨大且难以规避的挑战。

10.4　氢燃料火箭

10.4.1　火箭运行的基本工作原理

火箭虽然外观复杂，但其工作原理非常简单。在 17 世纪，牛顿提出力的作用是相互的，即牛顿第三定律。早在牛顿提出这一定律数百年前，我国就已经发明了简单的火箭，并将其广泛应用于军事和庆典活动等领域。

火箭是靠火箭发动机产生的推力来向前推进的。火箭推进原理依据的是牛顿第三定律。气球就是一个很好的例子。假设有一个充满空气并扎紧的气球，其气球口一旦被松开，空气就从气球内往外逸出，气球则被推向相反的方向。

现代火箭采用固体推进剂、液体推进剂或固 - 液混合推进剂，推进剂包含燃料和氧化剂。固体推进剂的燃料和氧化剂是预先混合固化后，贮存在发动机燃烧室内，从底层向顶层或从内层向外层快速燃烧的。液体推进剂通常是将液体燃料和液体氧化剂分别贮存在火箭的两个不同容器中，当发动机点火时，由输送系统将它们送入发动机的燃烧室。

固体燃料发动机具有准备周期短、保存时间长、制造简便、经济实惠、安全可靠、易于转场搬运等特点，常见于军事导弹等应用中。液体燃料发动机因其推力大、运载能力强以及可控性高等优点而在航天运载火箭领域广泛应用，但其制造复杂且价格较高。在我国现役的长征系列运载火箭中，除了"长征十一号"（CZ-11）火箭以外，其余均为液体燃料运载火箭。

固体推进剂火箭的结构简单，如图 10-7 所示，由喷管、壳体、隔热层、固体推进剂药柱、点火装置等组成。发动机的壳体通常是一层相对较薄的金属，内衬隔热材料，防止推进剂烧穿，固体药柱被包裹在隔热层内。许多固体推进剂火箭都有一个贯穿推进剂的空心通道。没有空心通道的火箭必须在推进剂的下端点火，从底部逐渐向顶部燃烧。由于燃烧只会在推进剂的表面进行，为了获得更高的推力，通常利用推进剂药柱内部的空心燃烧通道来增加燃烧面积。固体推进剂药柱从内部向外部燃烧的速度要比其他方式快得多，产生的气体逃逸速度高得多，从而产生了更大的推力。一些固体推进剂药柱中心采用星形通道，以获得更大的燃烧面积。发动机尾部是喷管，允许燃烧的气体喷出。喷管的作用是增加气体离开火箭时的加速度，从而使推力最大化。

液体推进剂火箭的发动机要复杂得多，其结构如图 10-8 所示，需要两个贮存箱分别储存燃料和氧化剂，还需要泵、燃烧室、喷射器和喷管。液体推进剂火箭的燃料通常是煤油或液态氢，氧化剂通常是液态氧。燃料和氧化剂由输送系统送入发动机的燃烧室燃烧，产生的气体由喷管喷出。为了获得最大的能量，推进剂必须尽可能完全混合。燃烧室顶部的小型喷射器同时喷射和混合推进剂。由于燃烧室在高压下运行，需要由涡轮泵将推进剂送入燃烧室。对于任何火箭，尤其是液体推进剂火箭，重量都是一个重要的因素。一般来说，火箭越重，使其离开地面所需的推力就越大。由于泵和燃料管路的关系，液体推进剂发动机要比固体推进剂发动机重得多。

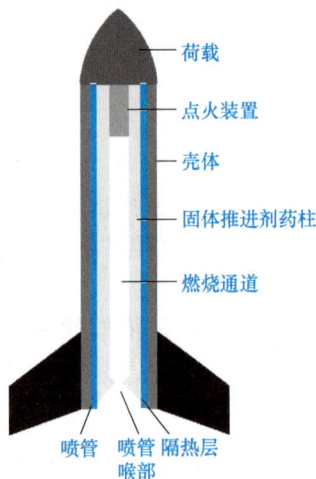

图 10-7　固体推进剂火箭的结构示意图

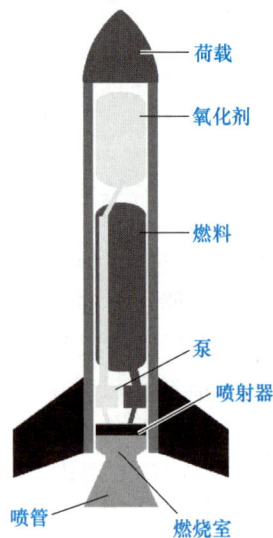

图 10-8　液体推进剂火箭的结构示意图

10.4.2　液氢在火箭推进上的应用

自液体推进剂提出以来，许多国家都对推进剂的可能组合进行了大量的研究，寻求性能最佳的液体推进剂组合。在所有推进剂组合中，液氢液氧组合具有最高的比冲，能显著提高火箭的运输能力，在航天运载火箭发动机中得到了广泛的应用。氢氧发动机是世界航天强国的重要技术标志之一，研制大推力氢氧发动机已经是火箭发动机技术发展的一个趋势。自 1958 年美国开始研发全球首台氢氧发动机 RL-10 以来，氢氧发动机在火箭推进领域的发展历程历经了 3 个阶段。

第一阶段是氢氧发动机的起步阶段（20 世纪 50 年代末—20 世纪 70 年代初），当时发动机的推力较为有限，各种不同的发动机循环方式得到全面探索，主要应用于运载火箭的是上面级推进器。代表性发动机型号包括美国的 RL-10 和 J-2，苏联的 RD-56，欧洲的 HM-7 以及日本的 LE-5 等，它们的推力通常在 10t 左右。

第二阶段是氢氧发动机的高速发展阶段（20 世纪 70 年代中期—20 世纪 80 年代末），其显著特征是追求更大的推力和更卓越的性能。代表性发动机型号包括美国的 SSME、苏联的 RD-0120、欧洲的 Vulcain 以及日本的 LE-7，它们的推力范围为 100～200t。为了实现更高的性能，发动机循环方案以补燃循环为主要特点。

第三阶段是氢氧发动机的全面发展时期（20 世纪 90 年代至今），其特点是各种推力量级和循环方式的发动机都得到全面发展，在追求性能的同时，更加注重可靠性和研制成本。日本在 LE-7 发动机的基础上，为了提高可靠性和降低成本，设计开发了更为简化的 LE-7A。美国推出了低性能低成本的 RS-68 发动机，并不断优化改进 RL-10 和 J-2 等发动机。

我国首款实际投入使用的氢氧发动机型号是 YF-73，它被用作"长征三号"运载火箭的上面级发动机，采用燃气发生器循环，真空推力为 4t。为了满足不同航天发射任务的需求，我国陆续开发了 YF-75、YF-75D 和 YF-77 等多种型号的氢氧火箭发动机。YF-77 发动机是为"长征五号"研制的大推力氢氧发动机，真空推力为 70t。"长征五号"运载火箭是捆绑 4 个助推器的两级半构型火箭，其芯级直径为 5m，采用液氢液氧发动机（YF-77）；助推器直径为 3.35m，采用液氧煤油发动机。火箭全长为 56.97m，起飞质量为 869t，起飞推力为 10524kN，近地轨道最大运载能力为 25t，地球同步转移轨道最大运载能力为 14t。为了满足我国载人登月要求，220t 级补燃循环氢氧发动机 YF-90 已经圆满完成第 2 次半系统试验，标志着我国大推力补燃循环氢氧发动机技术取得重大突破。

第 11 章

氢的其他用途

氢能源作为一种来源丰富、环保低碳的二次能源，逐渐成为全球能源转型发展的重要载体。近年来，人们对氢的需求逐渐增长。氢在交通、工业、电力等行业应用广泛，并逐步扩展到了生物医疗领域，可以用于药物制备、质谱研究等。

11.1 氢能发电

电力行业脱碳和零碳是实现碳中和目标的关键。中国工程院院士认为，零碳电力将成为新赛道上的领跑者。

氢能发电有氢燃料电池发电和氢燃气轮机发电两种方式。氢燃料电池具有无污染、高效率、可扩展以及无运动部件等特点，可用于固定电站、移动电站、备用电源、热电联供系统等发电设备。氢燃气轮机发电系统通过高温下空气和燃料燃烧的能量发电，高温气体通过涡轮膨胀，涡轮旋转带动发电机轴，从而将燃料的化学能转化为机械能，最终转化为电能。H_2 和掺氢天然气可以作为燃料为燃气轮机提供动力，实现发电。

此外，氢还可以作为储能媒介，存储太阳能、风能等不稳定的可再生能源。在用电低谷期，利用富余的电力制氢；在用电高峰期，再通过燃料电池或氢燃气轮机系统进行发电并网。与其他储能方式相比，氢储能的规模更大（可达数百兆瓦级），存储周期更长，可根据太阳能、风能、水资源等的季节性差异实现储能。

氢能发电技术仍在不断发展和改进中，随着对清洁能源的需求不断增加，氢能发电有望在未来成为一个重要的能源选择。目前，我国首座兆瓦级氢能综合利用示范站已经在安徽六安金安区投入运营，标志着我国首次成功实现了兆瓦级别的制氢、储氢以及氢能发电完整技术链条的贯通。该示范项目采用了单堆容量为 50kW 的燃料电池，集成了 24 个电堆技术，使最高发电功率达到了 1.2MW，是我国首个兆瓦级质子交换膜氢燃料电池发电系统。

11.2 氢在医疗领域的应用

在制药工业中，氢可用于制备特定的药品，如过氧化氢。过氧化氢是一种无色透明液体，可作为氧化剂用于可持续的氧化反应，被视为制药工业的关键化学品。在生物医学应用中，与其他有毒氧化剂（如铬酸盐和次氯酸盐）相比，过氧化氢已被证明是一种安全有效的氧化剂。目前，生产过氧化氢的主流方法是蒽醌法，该工艺以蒽醌、H_2（参与氢化反应）、空气（参与氧化反应）为原料，经过加氢、过滤、氧化和提纯等流程，最终获得高浓度的过氧化氢产品。

近年来，氢气作为一种治疗性医用气体在医学领域中逐渐受到重视和应用。从 2014 年开始，广州医科大学附属第一医院广州呼吸疾病研究所率先开展了多项氢氧混合气的临床研究。氢气已被证明具有抗炎症、抗过敏和抗细胞凋亡（即程序性细胞死亡）的作用，在类风湿性关节炎、脑干梗塞、糖尿病、神经退行性疾病、癌症以及运动或运动引起的氧化应激方面的其他治疗中得到了应用。氢作为一种生理和代谢调节因子，可以控制蛋白质的磷酸化和基因的表达。作为一种抗氧化剂，氢可以通过注射氢盐水、适量吸入氢气、饮用富氢水等方式进入人体，发挥生物学效应。

天然存在的氢及其同位素在医疗领域中还有多种用途。氘可用于动力学同位素效应，有助于减缓药物代谢。在医学成像和质谱研究中，为了创建质谱标准，通常将氘引入药物类似物中。氢氘交换质谱（HDX-MS）是一种研究蛋白质行为的技术，被学术界广泛应用。HDX-MS 技术可用于研究单个蛋白质或大型蛋白质复合物的构象程度，识别与结合直接或间接相关的蛋白质位点，观察蛋白质结构域的折叠动力学。

11.3　氢能冶金

冶金工业是全球主要的碳排放行业，其中钢铁行业的 CO_2 排放量约占全球工业排放总量的 1/4，是全球工业部门中排放量最高的行业。氢可以用作燃料，也可以用作冶金过程的工业原料，从而帮助冶金工业实现减碳发展。

H_2 和 O_2 燃烧产生的火焰温度可以达到 2800℃，即使难熔的金属，在氢氧火焰的高温灼烧下也能熔融，因此氢氧火焰可以用于冶金作业中金属焊接或切割。单质氢的还原能力强，可以从金属盐类的水溶液中析出金属粉末，因此广泛用于从金属盐类溶液或精矿中回收金属的工艺中，例如电解还原、离子沉淀和气体还原等。

作为实现钢铁行业零碳排放的有力工具，氢能冶金被给予了"厚望"。目前，我国钢铁工业以高炉 - 转炉长流程生产为主，一次能源消费主要为煤炭，节能降碳改造升级潜力较大。中国金属学会理事长、中国工程院院士认为，氢能冶金担负着将钢铁业高碳排放变为零碳排放的重任。2022 年 2 月，我国出台的《高耗能行业重点领域节能降碳改造升级实施指南》中，针对钢铁行业提出了重点围绕高炉大富氧或富氢冶炼、熔融还原、氢冶炼等低碳前沿技术，加强技术源头整体性的基础理论研究和产业创新发展。在国家和地方政策激励下，氢能冶金将进入新的发展阶段。

11.4　费 - 托合成工艺生产碳氢化合物

含有 CO 和 H_2 的合成气既可以直接作为燃料，也可以通过费 - 托合成或合成气发酵等工艺转化为碳氢化合物。这两种工艺都是气液转化技术，可以将合成气转化为高碳烃类化合物和醇类化合物。费 - 托合成工艺的原理如图 11-1 所示，该过程包括 3 个不同的阶段，即合成气生产和净化，合成气转化为碳氢化合物燃料和产品升级。通过重整反应、气化和热解等热化学过程可以制备合成气，然后通过一系列工艺和操作去除合成气中杂质，以满足进一步处理所需的规格。自 1925 年德国化学家弗朗兹·费歇尔和汉斯·托罗普施发明费 - 托合成法以来，该方法已被广泛应用在化学品和燃料的生产流程中。在大多数费－托合成法的商业应用中，合成气产自天然气重整或煤炭气化，从而产生大量的碳足迹和温室气体排放。化石燃料带来的环境问题激发了人们对生物质衍生合成气作为费－托合成工艺原料的兴趣。

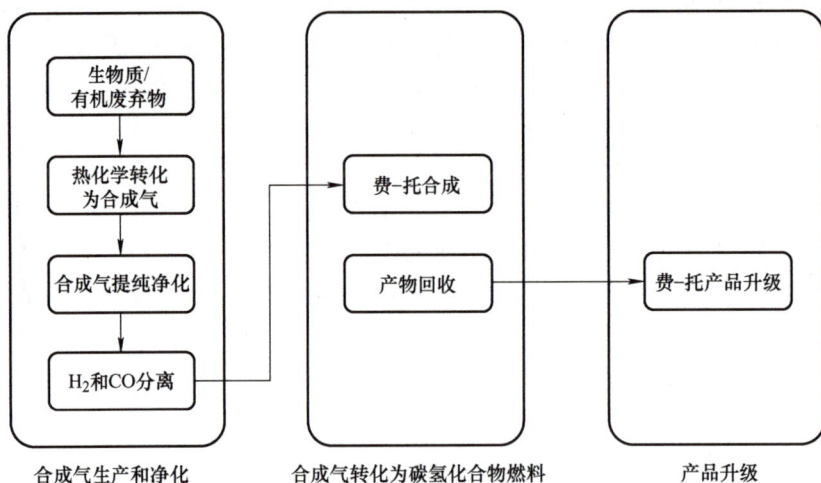

图 11-1　费－托合成工艺的原理

产品多样是费－托合成工艺的主要优点，费－托合成工艺可以用于生产柴油、石脑油、烯烃和固体合成副产品。费－托合成工艺生产的液体燃料的理化性质在很大程度上取决于反应温度、压力、催化剂类型、反应时间和反应器类型等工艺条件。费－托反应通常是放热反应，其反应温度和压力范围分别为 200～350℃和 1.5～4MPa。通过费－托合成工艺生产碳氢燃料的总方程式如下：

烷烃合成

$$n\mathrm{CO} + (2n+1)\mathrm{H}_2 \longrightarrow \mathrm{C}_n\mathrm{H}_{2n+2} + n\mathrm{H}_2\mathrm{O}$$

烯烃合成

$$n\mathrm{CO} + 2n\mathrm{H}_2 \longrightarrow \mathrm{C}_n\mathrm{H}_{2n} + n\mathrm{H}_2\mathrm{O}$$

醇类合成

$$\mathrm{C}_2\mathrm{H}_5\mathrm{OH} + \mathrm{CO} + 2\mathrm{H}_2 \longrightarrow \mathrm{C}_3\mathrm{H}_7\mathrm{OH} + \mathrm{H}_2\mathrm{O}$$

羰基合成

$$n\mathrm{CO} + (2n-1)\mathrm{H}_2 \longrightarrow (\mathrm{CH}_2)_n\mathrm{O} + (n-1)\mathrm{H}_2\mathrm{O}$$

此外，合成气也可以直接转化为甲醇，如下：

$$\mathrm{CO} + 2\mathrm{H}_2 \longrightarrow \mathrm{CH}_3\mathrm{OH}$$

乙醇也可以通过以下费－托反应生产：

$$2\mathrm{CO} + 4\mathrm{H}_2 \longrightarrow \mathrm{C}_2\mathrm{H}_5\mathrm{OH} + \mathrm{H}_2\mathrm{O}$$

从上面反应式中可以注意到，H_2 与 CO 的比例是费－托合成工艺过程的重要因素。对于烃类燃料生产，2∶1 是理想比例，可以通过水煤气变换反应来实现。

费－托合成反应的催化剂对水煤气变换反应的选择性不同。例如，钴基催化剂对水煤气变换反应的活性相对较低，因此，大多用于合成气中 H_2 与 CO 的比例高的情况（通常 >2）。相反，铁基催化剂因其对水煤气变换反应的选择性较高，通常应用在合成气中 H_2 与 CO 的比例低的场景应用中。此外，镍基催化剂对 CH_4 化反应具有高度选择性，即有利于 CH_4 形成。

11.5　氢－氨融合领域应用

氨是农业和工业的重要原料，其主要需求来自农业化肥。在工业应用中，氨用于制备聚合物、气体传感器和炸药，还用作还原剂、制冷剂以及内燃机和燃料电池的燃料。现在人们把氨作为一种新能源进行研究，主要是基于以下两个考量。第一，作为储氢介质，同时它是零碳燃料。因为氨很容易液化，点火温度比氢高很多，相对 H_2 来说更安全，方便运载。氨合成后，一部分用于化肥，另一部分可作为氢能的载体输运。氨的裂解是一项成熟的技术，氨加温后生成 N_2 和 H_2。全球氨气的产量达到 1.8 亿 t/a，液氨输运的技术和安全规范已经较为成熟。第二，氨本身是一种零碳化合物，同时它的能量密度很高，是液态氢的 1.5 倍，它和 O_2 的燃烧反应产物是 H_2O 和 N_2，能量成本比较低。

但是氨燃料存在几个挑战。一是燃烧速度和热值都比较低，它的燃烧速度远远低于氢，在工业应用中存在一定的问题。二是发热量比较低，它的热值比天然气、氢都要低，点火比较困难，不太容易点燃和实现稳定燃烧。

根据哈伯法，氢气和氮气在催化剂作用下可以直接合成氨。合成氨的操作压力和反应温度分别在 20 ～ 30MPa 和 400 ～ 500℃范围内，如图 11-2 所示。哈伯法合成氨是高能耗、高碳排放的工艺，生产 1t 氨排放的 CO_2 量达到 1.8 ～ 2.1t。同时，氨生产所需的氢气主要来自化石燃料的蒸汽重整，此过程也不环保。因此，人们正在寻求替代工艺，如电化学合成氨、电解水制氢方法和光催化人工固氮等技术。氢气的来源和制作成本是需要关注的问题，利用太阳能、风能等可再生能源产生的电能进行电解水制氢，可显著减少制氢过程的碳排放。此外，有学者使用 $Sm FeCuNi$ 和 Ni-SDC 分别作为阳极和阴极材料，在常压下进行电化学反应合成氨，效率能够达到 80%。

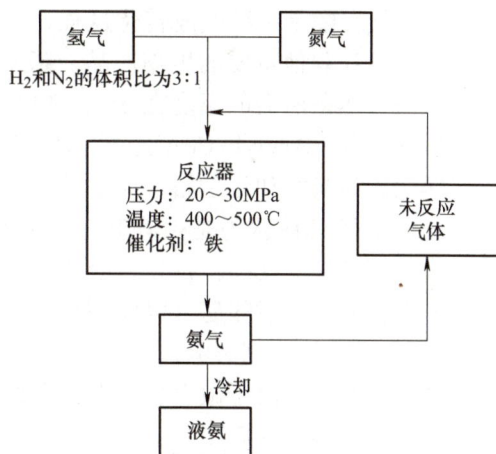

图 11-2　哈伯法合成氨

11.6　油品炼制

H_2 是石油工业中的重要原料，用于石油工业中的加氢精炼（包括加氢脱氧、加氢脱硫和加氢脱氮）和加氢裂化。加氢裂化是对重油的加氢和裂化操作，使重油转化为汽油、柴油等轻质油品。在加氢精炼过程中，S、O、N 和重金属等杂原子主要通过与氢催化反应从石油产品中去除，而 C—C 键保持饱和。其中，加氢脱氮和加氢脱硫的方法是将通过加氢分别生成 NH_3 和 H_2S，从而去除含氮化合物和含硫化合物。

近年来，重油加氢处理对 H_2 的需求迅速增加，学者们相应地也提出了加氢处理的优化方法。Mallick 等提出了一种原位处理方法，在 H_2、微生物群落和氢供体溶剂共存的条件下进行催化热化学转化。水平段注空气技术及原位催化升级技术（THAI-CAPRI）工艺结合了重油的井下原位催化裂化与强化采油技术，是另一种经过验证的重油原位处理技术。Muraza 的研究中强调了天然沸石和金属氧化物作为加氢处理催化剂对降低重油黏度的重要性。

加氢处理不仅适用于重油和沥青，也适用于含氧量高、含长烃链的非食用油的加工处理。通过植物油和非食用油的加氢处理可以生产不含氧、低辛烷值燃料的可靠方法。Guzman 等使用 $Ni-Mo-\gamma-Al_2O_3$ 为催化剂，研究 $4 \sim 9MPa$ 条件下的棕榈油加氢处理过程，结果表明，高压有利于完全脱氧，而在较低的氢压力下，通过形成 $C_{16} \sim C_{18}$ 醇等中间产物，可以实现部分脱氧。此外，棕榈油可以通过加氢处理转化成柴油用石蜡。一些国家的环境法规要求将生物质衍生脂肪酸单酯与柴油混合，用作合成运输燃料。有学者采用商业加氢催化剂 $Ni-Mo/Al_2O_3$ 对菜籽油进行加氢处理，得到的生物柴油含有正十七烷、正十八烷以及少量的正构烷烃和异构烷烃。将该生物柴油与化石柴油混合，当生物柴油浓度在 $5\% \sim 30\%$（质量分数）范围内时，混合柴油的性能与纯化石柴油的性能相当。

11.7 合成气发酵

合成气发酵是一种气液转化过程，利用嗜热菌和嗜中温菌等微生物将合成气转化为乙醇、高级醇和其他重要的生物产品。嗜中温菌进行合成气发酵所需的温度在 $37 \sim 40\,℃$ 范围内，而嗜热菌所需的温度在 $55 \sim 90\,℃$ 范围内。在合成气发酵中，富氢合成气首先是生成乙酰辅酶 A（Acetyl-CoA），然后将其转化为乙醇。产乙酸菌可以通过乙酰辅酶 A 将合成气转化为高级醇和化学品，如丁醇、乙酸盐和甲酸盐。

合成气发酵被认为是生物转化和热化学转化之间的桥梁。与费-托合成工艺相比，合成气发酵有多个优点：首先，合成气发酵不需要使用昂贵的生物质预处理方法或酶；其次，该工艺灵活，意味着可以使用任意的生物质原料；再次，微生物具有高选择性，过程不受 H_2 与 CO 的比例影响；最后，在常温下运行，不需金属催化剂，不会出现催化剂中毒的情况。此外，由于微生物和有机残留物参与过程，合成气发酵被认为是一种环保的生物精炼过程。同时，该工艺也存在一些挑战，如气体原料在液相中的溶解度低、反应器复杂、生产率低等。但是，综合热化学-生物的转化工艺具有灵活性，可以将热化学/水热气化与合成气发酵相结合，以弥补不同的技术不足，并最大限度地提高生物质转化效率。

第 12 章

氢的安全

在煤气刚刚替代薪柴作为家庭燃料的时代，人们对它所具有的爆炸性及致人死亡的毒性十分惧怕。而现在人们对于煤气的使用似乎不那么惧怕了，这是因为人们已熟知其危险性，而且了解使用煤气设备时如何避免可能发生的危险。如今，氢能作为新兴能源出现在人们的视野中，人们对氢能的惧怕感与曾经在使用煤气时的惧怕感相似。为了采取有效的措施防止氢能事故，需要先掌握氢的各种特性。

对于氢能的本质安全利用，中国工程院院士认为氢能经历了从科幻设想到社会产业的浪潮。1766 年，人们发现了氢，美国先行布置了氢能战略，2014 年，首款量产的氢燃料电池车问世，2019 年以后各国纷纷发展相关产业。但在初期发展阶段，安全至关重要，它是影响技术进步和产业发展的关键因素。

12.1 氢的有利安全特性

任何燃料的安全性都与其本身的性质密切相关。氢的特殊性质使得氢具有不少安全特性。和其他燃料相比，H_2 是一种安全性比较高的气体。

（1）H_2 无毒 H_2 在正常浓度下是无毒的，当人们吸入适量的 H_2 时，它会被身体吸收并以无害的方式排出。

（2）H_2 易扩散 氢气是一种轻质气体，密度约为空气的 1/14，这意味着在开放空间发生泄漏事故时，H_2 会迅速上升并稀释到无害浓度，减少了气体积聚的风险，而汽油蒸气挥发后滞留在空间中不易疏散。氢的扩散系数比空气大 3.8 倍，若将 2.25m³ 液氢倾泻在地面，经过 1min 之后，就能扩散成为不爆炸的安全混合物，所以微量的 H_2 泄漏，可以在空气中很快稀释成安全的混合气。美国迈阿密大学做过一个著名的试验，两辆汽车分别用 H_2 和汽油作燃料，然后进行泄漏点火试验。点火 3s 后，高压 H_2 产生的火焰直喷上方，而汽油由于比空气重，则从汽车的下部着火。到 1min 时，氢燃料汽车只有漏出的 H_2 在燃烧，氢燃料汽车没有大问题，而汽油车早已成为一个大火球。这说明 H_2 易扩散的特性使氢燃料汽车安全性在某种程度上优于普通的汽油车。

（3）氢焰的辐射率小 氢焰的辐射率只有汽油在空气中燃烧火焰的辐射率的 1/10。因此 H_2 的火焰周围温度并不高。这意味着在 H_2 燃烧过程中，与氢焰非直接接触的物体表面可能不会过热，从而减少了火灾和热损伤的风险。同时由于氢焰的辐射主要位于红外光谱和紫外光谱范围，人眼通常不能识别。相对于可见光辐射较强的火焰，氢焰的可见光辐射较少，减少了对人眼的刺激和视觉干扰。有文章指出，在类似上面的试验中，氢在汽车行李舱位置燃烧，而汽车后风窗玻璃安然无恙。

（4）H_2 燃烧产物更加环保　H_2 的燃烧产物主要是水蒸气，相对于其他燃料，如石油产品等，H_2 的燃烧产物更加环保。这意味着在 H_2 燃烧过程中，不会产生大量的有害气体和污染物，减少了对环境和人体健康的负面影响。

12.2　氢的不利安全特性

12.2.1　氢泄漏与扩散

氢是自然界最轻的元素，具有易泄漏扩散的特性。H_2 无色无味，泄漏后很难发觉，若在受限空间内泄漏，易形成 H_2 的积聚，存在引发着火爆炸事故的潜在威胁。液氢能量密度高，沸点低，具有 $-253\,^\circ\!C$ 的低温，皮肤如果直接接触液态氢，会造成人体组织急速冷冻损伤，也被称为冷灼伤。液态氢泄漏后会造成周边空气的冷凝，若大规模泄漏，易在地面形成液池，蒸发扩散后会与空气形成可燃气云，增加了发生着火爆炸的可能性。研究氢泄漏及扩散规律，明确上述领域的研究现状和挑战，对氢能的大规模应用具有重要意义。

根据氢泄漏源与周围环境大气压之间压力比值的不同，氢泄漏可分为亚声速射流和欠膨胀射流。亚声速射流在泄漏出口处已经充分膨胀，压力与周围环境压力相等，气流速度低于当地声速，泄漏后的氢浓度分布满足双曲线衰减规律；欠膨胀射流在泄漏口处的速度等于当地声速，出口外射流气体继续膨胀加速，形成复杂的激波结构，氢浓度分布也更为复杂。美国圣地亚哥国家实验室通过试验研究了稳态 H_2 欠膨胀射流出口处的激波结构，并测量了马赫盘的位置，结果表明，马赫盘的位置只与喷嘴的直径和压力比有关。竹野（Takeno）、冈林（Okabayashi）等通过试验测量了不同压力和泄漏孔直径下氢浓度的分布，给出了射流方向上氢平均浓度、浓度波动和可燃概率的经验计算公式。

随着氢燃料电池汽车和小型储氢容器的市场化应用，很多学者针对氢在车库、隧道、维修站、储氢间等受限空间内的泄漏开展了大量的研究工作。研究表明：当泄漏率一定时，受限空间内氢浓度的分布主要取决于空间受限程度和通风状况；氢在可通风室内空间泄漏后存在压力峰值现象，即使未被点燃仍会产生较大超压。近年来，压力峰值现象愈发受到科研人员的关注。Brennan 等人研究了储氢压力、超压泄放装置（Over Pressure Relief Device，OPRD）的直径、通风口大小对峰值压力的影响，并依据上述参数得出了判断峰值压力的工程算图；Makarov 等人开展了不同通风条件下氢在车库内的泄漏试验，验证了压力峰值计算流体力学模型的有效性。另外，欧洲燃料电池和氢能联合组织开展了室内氢泄漏的基础性安全研究项目，给出了泄漏事故的预防和后果减缓措施。氢泄漏与扩散研究主要面临的挑战如下：①泄漏口形状、障碍物、氢浓度梯度及空气浮力对氢泄漏扩散的影响规律；②基于虚喷管法的泄漏模型优化及多个通风口情形下峰值压力的预测方法；③H_2/ 空气分层对 OPRD 泄放过程的影响；④发生多处氢泄漏时，不同氢射流之间的相互作用与影响。

12.2.2　氢燃烧与爆炸

储氢的方式主要包括高压储罐储氢、液态储氢、金属氧化物储氢、碳基材料储氢及化学储氢。然而，无论采用哪种储氢方式，都存在一定的安全风险。由于结构疲劳、连接处老化或其他原因，储氢系统可能发生意外氢泄漏。当外界存在点火源时，泄漏的 H_2 可能会发生燃烧、火灾或爆炸事故。这主要是因为 H_2 具有易燃、高爆炸性和低能量点火等特点。H_2 的燃烧爆炸会产生较高的温度场和压力场，对周围的人员和财产造成巨大危害。H_2 燃烧时的高温可以超过 2000℃，能够点燃可燃物，导致火灾蔓延和物体的熔化。同时，H_2 燃烧产生的气体体积急剧膨胀，形成高压场，引起爆炸性的冲击波，对周围结构和设备造成破坏。H_2 是易燃气体，与空气中的 O_2 混合后形成可燃的混合气体，一旦遇到点火源，会发生火灾或爆炸。这些火灾和爆炸不仅会造成直接的人员伤害和财产损失，还会引发连锁反应，导致更大范围的破坏和危险。对燃烧爆炸问题的有效预测对于确定安全距离、保证安全操作、保护人身财产安全具有重大意义。关于氢泄漏自燃的机制，目前国际普遍接受的是 H_2 的负焦耳汤姆孙效应（Inverse Effect of Joule-Thompson）、静电释放（Electrostatic Discharge）、扩散点燃（Diffusion Ignition）、瞬间绝热压缩（Sudden Adiabatic Compression）和热表面点燃（Ignition by Hot Surface）。

泄漏自燃是由多个自燃机理共同作用导致的。对于加氢站泄漏事故而言，扩散点燃是研究的侧重点，主要探究在这种机理下 H_2 发生泄漏、自燃所需的条件及影响因素。

国外进行了高压 H_2 通过爆破片从管道喷射至空气中的扩散点火试验研究。茂木（Mogi）等通过对高压 H_2 从下游管道泄漏到空气中的自燃试验发现，自燃发生所需最小爆破压力随着管道长度的增加而降低；戈洛博（Gloub）等通过试验得出影响高压 H_2 自燃的条件有初始压力、初始温度、管道长度、管道直径、形状、高压储罐与喷出管道接口形状等。戈洛瓦斯托夫（Golovastov）等通过试验研究了爆破片破裂过程对 H_2 脉冲泄放过程自燃的影响，爆破片破裂速率越快，激波形成越早，自燃产生速度越快，当爆破片破裂时间最短为 5μs 时，H_2 在泄漏后 23μs 便发生自燃。巴泽诺娃（Bazhenova）等研究了 H_2 亚声速射流自燃现象，还进一步对高压 H_2 射向空气的自燃现象进行了详细的数值分析。

国内的研究偏向于数值模拟。段强领等运用扩散点火理论，建立了高压 H_2 泄漏到下游管道后激波传播速度、均匀区温度和压力的数学方程，以及判断是否发生自燃点火的函数表达式，探讨了高低压段初始压力比、下游管道几何参数、隔膜破裂过程等因素影响；苟小龙等利用开源程序包 Open FOAM 对激波管内的高压 H_2 泄漏自燃现象进行数值模拟，得出 H_2 的初始压力和初始温度，下游管道的直径和长度等条件均会影响管内激波的产生与传播，从而对高压 H_2 泄漏自燃现象产生重要的影响。

H_2 被点燃后，剧烈的燃烧可能引起爆燃、爆轰。在爆燃过程中，火焰的不断加速形成爆轰，引起的超压可能带来比 H_2 燃烧本身更大的危害。爆燃产生的冲击波是亚声速的，而爆轰则是超声速的。浙江大学郑津洋教授详细总结了国内外的研究成果，得出由 H_2 与空气形成的蒸气可燃云爆炸过程中火焰加速（Flame Acceleration，FA）和爆燃-爆轰转变（Deflagration-to-Detonation Transition，DDT）是影响爆炸强度的关键因素。在引发火焰加速的多个原因中，传播过程中的空间受限程度和障碍物的影响更为显著。这为预测

H_2 事故后果奠定了基础。

12.3 氢的环境安全性

12.3.1 氢脆

锰钢、镍钢以及其他高强度钢容易发生氢脆。这些钢长期暴露在 H_2 中，尤其是在高温、高压下，其强度会大大降低，甚至失效。因此，如果与氢接触的材料选择不当，就会导致氢的泄漏和燃料管道的失效。但是，通过选择合适的材料，就可以避免因氢脆产生的安全风险。如铝、不锈钢和一些合成材料，就不会发生氢脆。先前的 35MPa 高压储氢罐一般采用铝作为内胆，而国外的 70MPa 储氢罐采用有机聚合物作为内胆。

另外，H_2 中含有的极性杂质会强烈地阻止氢化物的生成，如水蒸气、H_2S、CO_2、醇、酮以及其他类似化合物都能阻止金属生成氢化物。只有当金属十分洁净和纯度高，放置在不含这些杂质的极纯 H_2 中时，才有利于生成氢化物，发生氢脆。所以，目前可以乐观地估计，现有的输送天然气的管道网，就可以安全可靠地用于输送 H_2，而不必考虑"氢脆"的问题。

12.3.2 氢能源研究对环境保护的意义

能源保障和安全事关国计民生，须臾不可忽视。党的二十大报告指出，加快规划建设新型能源体系。习近平总书记强调，要科学规划建设新型能源体系，促进水风光氢天然气等多能互补发展。为新时代能源产业转型升级和推进能源体系高质量发展指明了方向，提供了根本遵循原则。中央财经委员会第九次会议指出，要构建清洁低碳安全高效的能源体系。"清洁低碳安全高效" 8 个字，是现代能源体系的核心内涵，也是对能源系统实现现代化的总体要求。建设新型能源体系不仅是推动能源向绿色低碳转型、实现"双碳"目标的关键支撑，也是确保国家能源安全的必然选择。这一举措将有助于推动经济社会发展，增进人民福祉，对建设人与自然和谐共生的社会主义现代化强国具有重要意义。

能源、材料、信息被称为近代工业的三大支柱。然而，自从第一次产业革命开始，以煤、石油、天然气为代表的常规能源在支持了 20 世纪世界工业快速发展的用时也给人类赖以生存的环境造成了巨大的危害。近年来的环境恶化、自然灾害频发，大多数与常规能源利用有关。而且常规能源的有限性是早已定性的结论，据美国能源部和世界能源理事会估算，地球上的石油还可供开采 39 年，天然气还可以开采 60 年，而储量最大的煤炭，最多能够开采 210 年。常规能源利用不仅自身数量有限，而且其利用过程是一柄双刃剑，在为人类创造了幸福的同时也制造相应的环境污染。

氢是自然界中含量最多的元素，约占宇宙质量的 75%（质量分数），而且其来源非常广泛，水、化石燃料、植物和有机废物中都含有大量的氢。此外，氢是极好的能量载体，它的燃烧热是汽油的 3 倍，焦炭的 4.5 倍，且燃烧的产物只有水，不存在污染性和腐蚀性。此外，氢在极低温度下也能点燃，对条件的要求不高。氢能源"高效"和"绿色"的特点，决定了氢经济将成为人类历史的选择，氢能源时代将是人类历史上能量利用率最高的时代，也将是无污染的可持续发展的绿色时代。

氢能是环保的能源。利用低温燃料电池，由电化学反应将氢转化为电能和水，不排放 CO_2 和 NO_x，没有任何污染。使用氢燃料内燃机也是显著减少污染的有效方法。氢能作为二次能源来源丰富、绿色低碳，并且氢能的质量能量密度高，与电相比储存成本低，是大规模、长周期储能的理想选择，可以被广泛应用于交通、工业、建筑等领域，例如燃料电池车辆、氢能冶金等。

12.4　氢安全性综合评价

从很早开始，H_2 便作为火箭燃料或工业气体被大量使用，因此人们积累了许多有关其性质与使用方面的知识。如前所述，作为可燃气体的 H_2，由于着火能量小而且可燃范围宽，泄漏时有过发生火灾的事例，也有过着火后火焰失控引起剧烈爆炸的事例。所以，在过去，氢使用者被慎重地限定在掌握氢的特性且具有专业知识的人员范围内。总之，氢具有燃烧时不产生 CO_2、对人体无害、泄漏时容易向上扩散等特点。但是，通过严格控制氢的潜在危险性，完全可能构建让人放心的系统，它不需要使用者具有深厚的专业知识，系统本身具有安全性。此外，让普通市民多了解有关氢的基本知识，通过开展宣传教育活动，在充分确保安全的前提下普及相关氢能设备，是构筑氢能社会的关键。

在氢能社会的建设上，在氢的制造、输送、储藏直至使用的整个生命周期里都要确保其安全性。同时，对于各环节及各类 H_2 设备，包括安全措施在内的成本及整个生命周期的平衡都要高度关注，用以确保氢能系统的安全性。管控氢能安全风险要以预防为主、防患未然，同时要坚持本质安全、系统防控。从技术角度讲，一方面要系统开展氢能安全技术研究，并修订和完善氢能安全国家标准，另一方面要对氢能系统的各种设备、管道管件、阀门、仪器、仪表等进行检测检验。

12.4.1　氢生产安全

目前，我国已经成为世界上主要生产大型水电解设备的国家。国内碱性水电解设备的单台产量最大可达 $3000m^3/h$，而质子交换膜电解水制氢设备的单台产量最大可达 $500m^3/h$。然而，电解水制氢过程涉及的产品和副产品包括 H_2、O_2 以及碱性物质（如氢氧化钾或氢氧化钠），这些都属于危险化学品。因此，研究和规范水电解制氢的生产工艺、装备制造与维护以及操作流程，以提高制氢过程的安全性，成为至关重要的任务。

H_2 本身是易燃易爆性气体，主要威胁来自 H_2 和助燃物质混合达到爆炸极限，在电解水制取 H_2 的过程中存在的安全性问题通常与 O_2 混合有关。由于 H_2 点火能低，常温下膨胀升温效应明显，而收集氢用的压缩机工作压力高，高压 H_2 突然扩散传播和喷射可以引发自燃，因此压缩收集阶段的安全性问题通常与 H_2 泄漏有关。在保证 H_2 纯度达到要求的基础上，确保连接管路和阀门的密封性是确保压缩收集过程安全的重要手段。

我国在 2019 年颁布了《压力型水电解制氢系统技术条件》（GB/T 37562—2019）和《压力型水电解制氢系统安全要求》（GB/T 37563—2019）两项国家标准。其中，《压力型水电解制氢系统技术条件》规定了压力型水电解制氢系统的技术要求和性能指标。它包括了对系统的组成部分（如电解槽、电解质、电解液循环系统、H_2 和 O_2 收集装置等）的要求。标准还对系统的设计、制造、安装和调试等方面进行了详细规定，以确保系统的稳定和可靠运行。《压力型水电解制氢系统安全要求》主要关注压力型水电解制氢系统的安全性。它涵盖了系统的安全基本要求、安全控制措施和安全设施的要求。标准明确了系统在设计、制造、安装和运行维护过程中应遵循的安全原则和规程，以及应采取的防火、泄漏、排放和紧急处理等安全措施。这些国家标准的颁布对于推动压力型水电解制氢技术的发展起到了重要的作用。它们为相关企业和机构提供了统一的技术标准和安全要求，有助于规范行业发展，提高系统的安全性和可靠性。同时，这些标准也为监管部门提供了参考依据，以确保相关设备和系统的合规性和安全性。

12.4.2 氢储运安全

1. 氢压力容器安全

固定式高压 H_2 储存设备一般都采用较大容量的钢制压力容器，主要应于在固定场所储存高压 H_2，如加氢站、制氢站或电厂内的储气罐等，其特点主要为压力高，固定式使用，但是重量的限制不严，容器内 H_2 的储存量大，一旦发生泄漏爆炸事故，有可能造成严重损失和人员伤亡。根据结构的不同固定式高压 H_2 储存设备又可分为无缝压缩 H_2 储罐和全多层高压 H_2 储罐，本小节主要对这两种储氢设备进行介绍。

目前，高压 H_2 加氢站所用的储罐多为无缝压缩 H_2 储罐。这种储罐一般按照相关锅炉压力容器规范用无缝钢管经过两端锻造收口而成，属于整体无焊缝结构。无缝压缩 H_2 储罐的特点是制造过程中无须焊接，整个储罐为统一的无缝整体，其最大的优点是避免了焊接引起的裂纹、气孔、夹渣等缺陷，但它也存在不足。首先，单台设备的容积小，无缝压缩 H_2 储罐的最大容积为 2577L。当 H_2 储存量大时，往往需要多台容器通过用钢板或工字型钢制成的可拆卸的固定管架组合后并联使用，这样会增加 H_2 的泄漏点，从而增大安全隐患。其次，无抑爆抗爆功能，无缝压缩 H_2 储罐通常采用高强度无缝钢管。提高材料的抗拉强度和屈服强度，有利于减薄储罐壁厚，降低重量，但韧性往往下降。若因腐蚀、疲劳及材料性能劣化（如氢脆）等原因导致储罐突然破裂，会导致所储存的 H_2 快速排到周围环境中，引起中毒、窒息或燃烧爆炸，造成严重损失。最后，无缝压缩 H_2 储罐的单层结构决定了其只能靠定期检验来确定储罐的安全状况，难以对储罐健康状况进行在线监测。

为提高高压储氢的安全性，降低制造成本，浙江大学化工机械研究所郑津洋教授等研究开发了一种多功能全多层高压 H_2 储罐。它由储罐主体和在线健康诊断系统两部分组成。该型储罐已经应用于我国第一座示范加氢站中。该储罐结构示意图如图 12-1 所示。

该储罐带有在线健康诊断系统，能够实时监测 H_2 的浓度，当有泄漏发生时，信号显示报警仪会显示大致的泄漏位置，并发出声、光报警。该诊断系统示意图如图 12-2 所示。

多功能全多层高压 H_2 储罐具有以下优点：

1）适用于制造高参数 H_2 储罐。随着压力和直径的提高，H_2 储罐的壁厚增加。受加工能力和无缝钢管长度的限制，钢制无缝压缩 H_2 储罐的容积往往较小。多功能全多层高

压 H_2 储罐高度可达 2.5m、长度可达 25m。H_2 储罐由薄或中厚钢板和钢带组成，长度和壁厚不受限制。

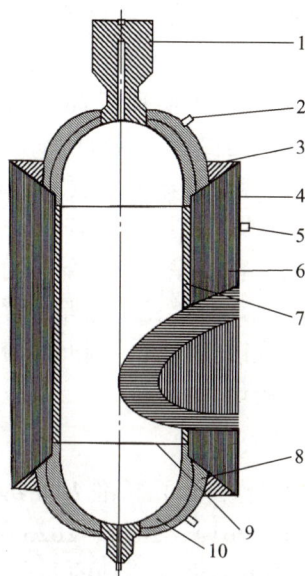

图 12-1　多功能全多层高压 H_2 储罐结构示意图

1—大接管　2—封头接管　3—加强箍　4—外保护壳　5—筒体接管　6—钢带层
7—内筒　8—外半球形封头　9—斜面焊缝　10—内半球形封头

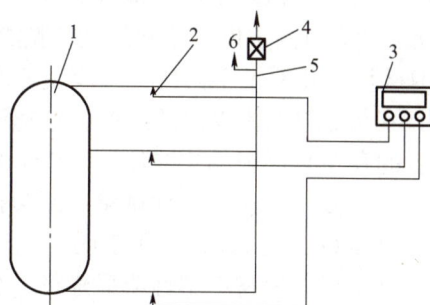

图 12-2　储氢容器在线健康诊断系统示意图

1—储罐　2—传感器探头　3—显示报警仪　4—H_2 阻火器　5—放空管　6—防静电接地装置

2）具有抑爆抗爆功能。在工作压力下，失效方式为"只漏不爆"，不会发生整体脆性破坏。这是因为内筒应力水平低，在钢带缠绕预拉力作用下，内筒沿环向、轴向同时收缩，收缩引起的压缩预应力可以部分甚至全部抵消工作压力引起的拉伸应力，使得内筒处于低应力水平；内筒与钢带材料性能优良，在材料化学成分和轧制状态相同的条件下，薄钢板、窄薄钢带的断裂韧性高于厚钢板，裂纹、分层等缺陷存在的可能性少，且尺寸小；钢带层摩擦阻力有"止裂"作用，当筒体承受内压时，若内筒上的裂纹开始扩展，位于裂纹上方的钢带层会在裂纹附近产生一些附加背压和阻止裂纹张开的摩擦力，抑制裂纹扩展；泄漏的介质不能剪断钢带层，内筒裂穿时，由于裂口不可能很大，泄漏的介质不足以剪断钢带层，只能通过钢带间隙形成的曲折通道，逐渐向外泄漏至外保护壳内。

3）缺陷分散。储罐全长无深环焊缝，而绕带层与容器封头的连接方式采用相互错开的阶梯状斜面焊缝代替传统的对接焊接结构，这样不仅增大焊缝承载面积，提高焊缝结构的可靠性，而且实现了筒体与封头应力水平的平滑过渡。

4）健康状态可在线诊断。多功能全多层高压 H_2 储罐的双层封头结构和带有外保护薄壳的绕带结构给实施在线健康状态检测提供了条件。

5）制造经济简便。扁平绕带式容器的内筒厚度约为总壁厚的 1/6～1/4，即使对于壁厚达到 200mm 以上的大型容器，其内筒壁厚也只有 30～50mm，仍为中厚板。因此，内筒的制作并不困难，质量容易保证。容器厚度的大部分由绕带层组成，因此减少了大量焊接、无损检测和热处理的工作量，尤其是避免了深厚环焊缝和整体热处理。所用扁平钢带轧制简易、成本低廉。钢带窄，缠绕倾角较大，因此钢带端部切割简单，钢带与封头端部采用斜面焊接，不仅容易施焊而且质量可靠。

2. H_2 管道安全

2008 年，美国机械工程师协会发布了标准 *Hydrogen Piping and Pipelines*（ASME B31.12—2008），之后分别于 2011、2014、2019、2023 年对该标准进行了修订。该标准对 H_2 输送管道设计、制造、敷设等方面做了详细的要求。以下依据该标准，在管材选择、设计方法、敷设要求 3 方面对 H_2 管道安全进行介绍。

（1）管材选择　在实际工程中，H_2 长输管道用钢管优先选择低强度等级钢管。ASME B31.12—2008 中推荐采用 API SPEC 5L 级 X42、X52 钢管，同时规定必须考虑氢脆、低温性能转变、超低温性能转变等问题。考虑到低压管道输氢效率较低，且低强度管线钢建设成本较高，世界范围内已有众多学者对高强度管线钢的抗氢脆能力展开了研究。

Moro 等针对 X80 管线钢材料，开展了不同压力、应变速率下的拉伸试验，试验结果表明，高压氢会导致晶体沿铁素体/珠光体界面的脱粘，加速试样表面微裂纹的产生，同时推论出材料近表面处扩散氢的存在是氢脆的主要原因。Briottet 等同样针对 X80 管线钢，系统开展了材料在高压氢环境下的慢应变速率拉伸试验、断裂韧度试验、圆片试验、疲劳裂纹扩展试验和楔形张开加载（WOL）试验，结果表明：氢环境下材料的弹性模量、屈服强度及抗拉强度均未发生明显变化，但材料塑性明显降低，且随着试验应变速率的减小表现更为明显，但当压力大于 5MPa 时，压力的升高不会对氢脆敏感度造成影响；氢环境下材料的断裂韧性显著降低，疲劳裂纹扩展速率明显加快。

（2）设计方法　H_2 管道直管段设计公式如下：

$$p = \frac{2St}{D}FETH_f \tag{12-1}$$

式中　p ——设计压力（MPa），设计压力不得超过管道试验压力的 85%，对于管道复验压力超过初始试验压力的情况，设计压力应不超过复验压力的 85%，设计压力一般为最大工作压力的 1.05～1.10 倍；

　　　S ——最小屈服强度（MPa）；

　　　t ——公称壁厚（mm）；

D——公称直径（mm）；

F——设计系数；

E——轴向接头系数，对于 API 5L 系列管线钢，$E=1.0$；

T——温度折减系数；

H_f——材料性能系数。

（3）敷设要求　标准规定地下管线主管道埋深不得低于 914.4mm，管线与其他地下结构设施的间距不得少于 457.2mm。同时，为防止第三方对埋地管线造成人为损坏，可采取使用物理屏障或标记、增大埋地深度或增大管道壁厚、使管道敷设方向与道路平行或垂直等方法。对于高压氢输送管线，与压缩机或氢源连接的管段必须设置具有足够容量的压力调节设备，以保证其工作压力不得大于最大许用操作压力，相关设备主要包括泄压阀、监测调节器、限压调节器、自动截止阀等。

表 12-1 为燃料的安全等级，它对汽油、CH_4 和 H_2 作为燃料的安全等级进行了对比。表 12-2 是美国 1967—1976 年工业用氢事故统计，然而表中事故还必须与着火补充条件相结合才能酿成灾祸。这两个着火补充条件是：①要有火源，火源包括热点火源和电的点火源；②H_2 同空气或 O_2 的混合物浓度有一定要求，过高或过低都不行。缺少这两个条件，都不会造成事故。

2009 年，Volvo Technology 在 *Safety of Hydrogen as an Energy Carrier：Contract No SES6-CT-2004-502630* 中发布了截至 2005 年氢作为能量载体的安全性报告，氢能造成的历史事故相对较少（见表 12-3）。

表 12-1　燃料的安全等级

性质	汽油	CH_4	H_2
燃料毒性	3	2	1
燃烧物毒性	3	2	1
密度	3	2	1
扩散系数	3	2	1
特定热量	3	2	1
着火极限	1	2	3
着火能量	2	1	3
着火温度	3	2	1
火焰温度	3	1	2
爆炸能量	3	2	1
火焰发射率	3	2	1
总计	30	20	16
安全指数[①]	0.53	0.80	1.00

注：1—最安全；2—较安全；3—最不安全。

① 氢的总储存量与给定燃料的储存量之比。

表 12-2　美国 1967—1976 年工业用氢事故统计

事故类别	次数（次）	比例（%）
未被察觉的泄漏	32	22.4
氢氧废水爆炸（核电厂）	23	16.0
管道压力与器壁破裂	21	14.7
惰性气体清除不足	12	8.4
排气系统事故	10	7.0
氢－氯事故	10	7.0
其他	35	24.5
总计	143	100

表 12-3　氢能历史事故数据

着火源	氢事故		非氢事故	
	数量（次）	百分比（%）	数量（次）	百分比（%）
纵火	0	0	37	2.6
撞击	2	2.5	121	8.4
火焰	3	3.7	113	7.9
热表面	2	2.5	56	3.9
电	2	2.5	114	7.9
摩擦火花	2	2.5	33	2.3
事故主要原因未完全证实的	70	86.3	942	65.5
非点燃的	0	0	21	1.5
总计	81	100	1437	100

12.5　历史上的 H_2 事故

12.5.1　兴登堡"H_2 冤案"

兴登堡（Hindenburg）飞艇是 20 世纪德国人为洲际旅行设计的大型装载工具。兴登堡飞艇原是按氦气作为升降工质设计的。在该飞艇成功完成了欧洲到美国的十余次往返飞行后，由于德国人当时不可能得到大量的氦，所以不得不改用氢气作为工质。1937年 5 月 6 日，兴登堡飞艇进行了改用氢的首次飞行，计划在美国新泽西州的莱克赫斯特（Lakehurst）海军机场着陆，当飞艇到达该机场的前一小时，机场地区下了一场大的雷阵雨，大气中还存在静电较高的气层。

由于飞艇降落时必须放出一部分 H_2，而排氢时最容易产生静电发火效应，因而飞艇发生了大火灾，造成 36 人死亡。H_2 流动本身会产生很高的静电位而发火，因此 H_2 作为飞艇工质是一种违反安全使用条例的活动。

关于 1937 年兴登堡灾难发生的原因，过去一般认为是飞艇里充了氢引起的，这使得人们对氢安全的疑虑加深。但是，几十年后，美国宇航局的氢能专家 Addison Bain 纠正了这一错误认识。他研究当时目击者拍摄的照片，发现飞艇并没有爆炸，只有明显可见的火焰。事实上，H_2 消散得非常快，肯定是非氢物质在燃烧。而兴登堡飞艇的气袋用易燃的化合物处理过，导电性差，容易产生静电，且极易着火。由此得出结论，造成兴登堡飞艇惨案的原因并不是 H_2。

12.5.2　挪威 Hydro Agri 氨厂 CO_2 管道 H_2 爆炸事故

1997 年 4 月 13 日，挪威 Hydro Agri 氨厂合成氨（NII）的 CO_2 气体输送管道发生爆炸，虽无人受伤，但 850m 长的管道完全破坏，许多玻璃窗被震碎。在 4 座大型吸收塔中，氨合成气中的 CO_2 被分离出来。吸收的气体经两步减压排出。粗 CO_2 气经内径 800mm × 5mm 的铝管被输送到约 100m 远处的另一套分配和液化装置。

通常，粗 CO_2 气中除 96%（体积分数）的 CO_2 外，还含 2% ～ 3%（体积分数）的氢气。如果气体中 H_2 含量超过 8%（体积分数，接近形成可能爆炸性气体混合物的极限值），关闭系统将关闭气体输送系统。氨厂停车或关闭时，CO_2 去除系统将继续循环一段时间，气体经排出室放空。使用水封防止在停车时回流的洗涤空气进入排出室。爆炸发生时工厂已停车，管道已停止输送 6 天。该管道用 N_2 吹洗并堵住。爆炸的原因没有完全确定，当时一名操作工正在离遭到破坏的管道的 850m 处的法兰上切割螺栓。保温层碎片散落在四周，离管道 20m 范围内的许多窗户遭破坏。

据了解，H_2 分析器是可靠的，然而其测量原理是以热导率为基础的，不能很好地区分出 CO_2 中所含的 H_2 和 N_2。结果，每当装置停车时，指标都达到其极限。因而该厂人员认为在设备停车时，该分析器不可信。仪表技工和操作工都不了解爆炸的实际原因，没有认识到存在的危险。

12.5.3　感应雷击引发的 H_2 泄漏事故

2010 年 4 月 21 日，贵州某化工厂因雷电引起局部生产控制配电柜开关跳闸，使 H_2 压缩机停机，H_2 液位变送器、压力变送器损坏。由于该 H_2 生产线无联锁装置，故当 H_2 气轮机、压缩机停机时，H_2 反应槽未停机，仍然继续生产 H_2，从而使 H_2 输送管控制阀由正常时的微负压状态转为正压状态，造成 H_2 冲破控制阀而泄漏。

经计算，该化工厂 H_2 压缩机配电柜电涌保护器（Statistical Process Diagnosis，SPD）的泄流最大值为 60kA，超过接闪器的最大通流量 40kA，所以避雷器模块损坏。通过现场查看，该化工厂压缩机配电柜 SPD 的安装方式虽然符合相关规范的要求，但当 SPD 对地泄流时，60kA 的泄流值必然大于漏电保护开关的脱扣电流门限值，从而使开关跳闸，由于跳闸后的开关不能自动恢复，导致设备供电中断，这就是该 H_2 泄漏事故的主要原因。当电源 SPD 安装在漏电保护器电源端时，一是在安装时必须带电作业，对安装人员的业务技能要求高。二是当 SPD 劣化时，由于漏电流的增大，可能会引起线压降低、线路过流发热引起火灾等后果。但当电源 SPD 安装在漏电保护器设备端时，由于漏电流的增大，漏电保护器频繁动作（跳闸），使设备不能正常工作，特别是对于化工厂这样的工作环境，跳闸将会带来严重后果。

12.5.4　印度石油公司加氢裂解装置起火

1999 年 5 月 6 日，印度石油公司的加氢裂解装置发生火灾，导致 5 人死亡，2 人烧伤，工厂和设备损失严重。被烧死的 5 人均是参与设备检修的人员，事故位于加氢裂解装置，当时有 2 人正对加氢裂解装置进行置换，以便修理管道。该公司的发言人称，火灾是因加氢裂解装置的 H_2 压缩机泄漏造成的。

12.5.5　江苏省盐城市的一起重大 H_2 爆炸事故

2001 年 2 月 27 日 16 时 45 分，江苏省盐城市某化肥厂合成车间管道突然破裂，随即 H_2 大量泄漏。厂领导立即命令操作工关闭主阀、附阀，全厂紧急停车。大约 5min 后，正当大家在紧张讨论如何处理事故时，突然发生爆炸，在面积为千余平方米的爆炸中心区，合成车间近 10m 高的厂房被炸成一片废墟，附近厂房的数百扇窗户上的玻璃全部被震碎，爆炸致使合成车间内当场死亡 3 人，另有 2 人因伤势过重抢救无效死亡，26 人受伤。

据调查，事发之时合成车间没有现场动火等明火火源，那么，点火源从何而来呢？下面对此次 H_2 爆炸事故的原因进行剖析。

（1）爆炸混合气体的形成　管道破裂后，H_2 大量泄漏，立即形成易燃易爆混合气体，并迅速扩散。H_2 在空气中的爆炸极限是 4%～75%（体积分数），其浓度达到 18.3%～59%（体积分数）时就会发生爆轰。

（2）点火源的产生　事故发生后，事故现场变成一片废墟，点火源难以十分准确地定位。根据事发之前现场和事故本身情况分析，点火源的产生有以下几种可能：H_2 泄漏过程中产生的静电火花、高温物体表面、电气火花、人身上产生的静电火花。

（3）火灾的形成　H_2 点火能量仅需 0.019mJ。H_2 和空气形成的可燃混合气遇静电火花、电气火花或 500℃以上的热物体等点火源，就会发生燃烧爆炸；如果可燃混合气的浓度达到 18.3%～59%（体积分数），就会发生爆轰现象。发生爆轰时，高速燃烧反应的冲击波在极短时间内引起的压力极高，这个压力几乎等于正常爆炸产生最大压力的 20 倍，使建筑物能在同一初始条件下瞬间被摧毁，具有特别大的破坏力。

12.5.6　扬州某药厂"2·1" H_2 钢瓶爆炸事故

1993 年 2 月 1 日，扬州某药厂一化工原料车间 H_2 工段在加氢反应过程中发生 H_2 钢瓶爆炸，造成 1 名操作工当场死亡。气瓶爆炸后的残片散落在直径大约为 200m 的范围内。该起事故直接经济损失为 23.98 万元，间接经济损失为 192 万元。

根据定量分析结果对照当时的工业氢气标准，扬州某厂制氢站提供的 H_2 存在严重的质量问题，含氧量达 15.96%（体积分数），大大超过了国家标准的规定。氢和氧的混合物的爆炸极限为 4%～94%（体积分数）。H_2 在 O_2 中的最小点火能量极小，只有 0.02μJ。根据现场情况分析推断，操作者在爆炸前起动了 1 只含 O_2 的气瓶瓶阀，此操作产生的静电满足了这只钢瓶内的氢、氧混合物爆炸的最小点火能量。因此可以判断，爆炸的气瓶内的气体是达到了氢氧混合气体的爆炸极限，具备了燃烧爆炸的必备条件，是构成该起事故的主要原因。

12.5.7　唐山某发电厂封闭母线爆炸事故

1986 年 10 月 27 日 20 时 4 分，正当发电机组 72h 试运过程中，发生了国内少见的封闭母线爆炸事故。事故前机组及系统运行正常。当日 19 时 30 分，氢压为 $2.945 \times 9.8 \times 10^4 Pa$，氢侧油压为 $3.25 \times 9.8 \times 10^4 Pa$，空侧油压为 $3.2 \times 9.8 \times 10^4 Pa$。起动前，整机密封试验合格，24h 泄漏量为 $1.57 m^3$；安装时，发电机套管做 $3 \times 9.8 \times 10^4 Pa$ 的密封试验，未发现明显下降。该机第一次投氢时间为 10 月 20 日 7 时 15 分，从第一次投氢到事故发生，总共投氢时间有一周以上。

10 月 27 日 20 时 4 分，发生事故的瞬间，伴随着一声巨响，出现蓝光。厂房内烟尘飞扬，发电机 5m 平台及室外变压器处也同时出现火光。由于爆炸气流的冲击，发电机 A 相出线至主变、厂变 A 相封闭母线上共有 14 处严重爆破。爆破地点大部分发生在母线拐弯处和发电机、主变及厂变出线套管附近。此外，主变 A 相低压套管 5 层瓷裙沿周围全部炸碎脱落。

经分析得出，这次发电机封闭母线爆炸是由于发电机 A 相套管漏氢引起的。微量 H_2 漏入封闭母线及中性点保护箱内，当 H_2 和空气的混合比例达到一定的限度时（H_2 和空气混合的爆炸范围为 4.1% ~ 75%，体积分数），由于某种引爆条件的存在，即造成了本次的爆炸事故。

参考文献

[1] 桑塔娜姆，普雷斯，米利，等．氢能技术导论 [M]．2 版．林伟，译．北京：中国石化出版社，2022.
[2] 日本氢能协会．氢能技术 [M]．宋永臣，宁亚东，金东旭，译．北京：科学出版社，2009.
[3] 毛宗强．氢能：21 世纪的绿色能源 [M]．北京：化学工业出版社，2005.
[4] 丁瑟，伊沙克．可再生能源制氢 [M]．郑德温，熊波，夏永江，译．北京：冶金工业出版社，2023.
[5] 申泮文．氢与氢能：21 世纪的动力 [M]．天津：南开大学出版社，2000.
[6] 黄国勇．氢能与燃料电池 [M]．2 版．北京：科学出版社，2020.
[7] 李星国．氢与氢能 [M]．2 版．北京：科学出版社，2022.
[8] 毛宗强．无碳能源：太阳氢 [M]．北京：化学工业出版社，2010.
[9] 魏蔚，胡忠军，严岩，等．液氢技术与装备 [M]．北京：化学工业出版社，2023.
[10] 吴朝玲．氢能与燃料电池 [M]．北京：化学工业出版社，2022.
[11] 吴素芳．氢能与制氢技术 [M]．2 版．杭州：浙江大学出版社，2021.
[12] 杨振中．氢燃料内燃机燃烧与优化控制方法 [M]．北京：科学出版社，2012.
[13] 郑欣，郭新良，张胜寒．氢能源及综合利用技术 [M]．北京：化学工业出版社，2023.
[14] 耿志远，王冬梅．清洁能源：氢能 [M]．兰州：甘肃科学技术出版社，2012.
[15] 张长令，雷宪章．氢能产业：未来能源大战略 [M]．北京：中国发展出版社，2023.
[16] 博基斯．太阳 - 氢能：拯救地球的动力 [M]．毛宗强，译．北京：中国人民公安大学出版社，2002.
[17] 王明华．氢能利用产业发展战略研究 [M]．北京：科学出版社，2022.
[18] 易杏花，倪琳．氢能产业发展研究 [M]．武汉：中国地质大学出版社，2023.
[19] 张钊，师菲芬．氢能产业技术与发展 [M]．北京：中国石化出版社，2023.
[20] 翟秀静，刘奎仁，韩庆．新能源技术 [M]．北京：化学工业出版社，2023.
[21] 钟财富．氢能产业有序发展路径和机制 [M]．北京：中国经济出版社，2021.
[22] 中国产业发展促进会氢能分会．国际氢能技术与产业发展研究报告 2023[M]．北京：中国经济出版社，2023.
[23] 中国石化集团经济技术研究院有限公司．中国氢能产业展望报告 [M]．北京：中国经济出版社，2023.
[24] 电力规划设计总院．中国低碳化发电技术创新发展报告：2021 氢能专篇 [M]．北京：人民日报出版社，2022.
[25] 陈硕翼，朱卫东，张丽，等．氢能燃料电池技术发展现状与趋势 [J]．科技中国，2018（5）：11-13.
[26] 段强领，肖华华，沈晓波，等．基于扩散点火理论的高压氢气泄漏自燃研究 [J]．热科学与技术，2015，14（1）：57-62.
[27] 冯复生．国产 QFM200-B₁ 型发电机封闭母线氢气爆炸事故的原因及改进措施 [J]．华北电力技术，1988（4）：10-15.
[28] 葛君杰．《氢能源与燃料电池》专辑序言：氢能助力的双碳目标实现 [J]．应用化学，2023，40（8）：1061-1062.
[29] 葛淑娜，张彩玲，王爽，等．计及氢能多元利用和绿证：碳联合交易的综合能源系统优化运行 [J]．电力自动化设备，2023，43（12）：231-237.
[30] 苟小龙，周理．激波管内高压氢气泄漏自燃现象的模拟研究 [J]．太阳能学报，2015，36（11）：2777-2781.
[31] 康俊鹏，薛威林，宫淑毓．双碳背景下氢能产业发展及混氢输送工艺研究 [J]．工业加热，2023，52（9）：6-9.
[32] 李迎春，郑光华．航空燃气涡轮发动机氢燃料研究历史和低污染燃烧技术发展 [J]．航空动力学报，2012，27（3）：572-577.

[33] 李舟鑫, 张强宜, 李黔进. 一次感应雷击引发的氢气泄漏事故 [J]. 贵州气象, 2011, 35 (1): 54-55.

[34] 毛宗强. 氢能: 我国未来的清洁能源 [J]. 化工学报, 2004 (S1): 296-302.

[35] 沈丹丹, 高顶云, 潘相敏. 氢能源利用安全性综述 [J]. 上海节能, 2020 (11): 1236-1246.

[36] 孙兴明. 探索中的新型氢能源: 分数氢 [J]. 现代物理知识, 2006 (3): 31-32.

[37] 王功伟, 肖丽, 庄林. 广义氢能体系和相关电化学技术 [J]. 催化学报, 2024, 56 (1): 1-8.

[38] 王健, 武增华, 邱新平. 氢经济开创绿色能源新时代 [J]. 环境保护, 2004 (9): 52-55.

[39] 王帅男, 周玉娴, 白明华, 等. 氢能开发及制备方法的选择 [J]. 化工管理, 2020 (7): 134-135.

[40] 魏训海. 一起氢气爆炸事故 [J]. 劳动保护, 2002 (3): 45.

[41] 文宝钰. "兴登堡" 号飞艇灾难之谜 [J]. 科学大观园, 2017 (14): 56-57.

[42] 伍赛特. 氢燃料用于航空运输领域的前景展望 [J]. 节能, 2020, 39 (11): 49-51.

[43] 项红. 国外氢气泄漏事故两则 [J]. 深冷技术, 1999 (6): 49.

[44] 肖华华, 孙金华. 高压氢气泄漏自燃研究现状及展望 [J]. 安全与环境学报, 2009, 9 (4): 125-129.

[45] 杨冬锋, 冉子旭, 姜超. 面向规模化风电消纳的电-气-氢能源互联系统协同规划 [J]. 东北电力大学学报, 2023, 43 (3): 91-100.

[46] 杨紫娟, 田雪沁, 吴伟丽, 等. 考虑电解槽组合运行的风电-氢能-HCNG 耦合网络容量优化配置 [J]. 电力系统自动化, 2023, 47 (12): 76-85.

[47] 伊文婧, 梁琦, 裴庆冰. 氢能促进我国能源系统清洁低碳转型的应用及进展 [J]. 环境保护, 2018, 46 (2): 30-34.

[48] 张青, 李文兵. 氢燃料内燃机的发展现状及趋势 [J]. 四川兵工学报, 2008, 29 (6): 105-108.

[49] 张扬军, 彭杰, 钱煜平, 等. 氢能航空的关键技术与挑战 [J]. 航空动力, 2021 (1): 20-23.

[50] 赵昌玉, 李东进. 扬州制药厂 "2·1" 氢气钢瓶爆炸事故分析及其预防 [J]. 安全、健康和环境, 2002 (2): 13-14.

[51] 郑津洋, 刘自亮, 花争立, 等. 氢安全研究现状及面临的挑战 [J]. 安全与环境学报, 2020, 20 (1): 106-115.

[52] GOLOVASTOV, BOCHARNIKOV. The influence of diaphragm rupture rate on spontaneous self-ignition of pressurized hydrogen: experimental investigation[J]. International Journal of Hydrogen Energy, 2012, 37 (14): 10956-10962.

[53] NEJAT, VEZIROGLU, SAHIN. 21st Century's energy: hydrogen energy system[J]. Energy Conversion and Management. 2008, 49: 1820-1831.

[54] National Aeronautics and Space Administration. Safety Standard for Hydrogen and Hydrogen Systems[R]. Washington, D. C.: Office of Safety and Mission Assurance, 1997.

[55] RATE A H P. Safety of Hydrogen as an Energy Carrier Contract No SES6-CT-2004-502630[R/OL]. (2009-02-28) [2024-12-27]. https://unece. org/DAM/trans/doc/2009/wp29grsp/SGS-7-04e. pdf.

二维码索引表

页码	二维码	页码	二维码
11		78	
19		94	
42		103	
52		117	
61		122	
70		135	